# 神道

トーマス・カスーリス
衣笠正晃 訳　守屋友江 監訳

筑摩書房

目次

一、本書はちくま学芸文庫のために新たに訳しおろしたものである。
二、文中の（　）は著者による注、〔　〕は訳者による注を示す。また出典など不明な記述については、「編注」として、編集部による注を付した。

# 神道

# はじめに

　神道を説明するのはとりわけ難しい。たいていの日本人にとってもそうだろう。神道の基本的な価値観やふるまいの型は日本文化に浸透し、伝統の一部となっているので、神道を意識的に参加する「宗教」とみなす日本人はめったにいない。日本人にとって神道とは、教義としてまとまった一連の信条でもないし、他とは明確に区別される信仰の表明でもない。日本人が神道の祭礼や年中行事をとりおこなうのは伝統だからであって、アメリカで聖パトリックの祝日〔三月十七日〕やマルディグラをパレードやパーティーといった形で祝う人がいるのと同じである。アイルランド系のカトリック信者でなくても、緑色のビールは飲めるし、四旬節の肉断ちをしなくても、ニューオリンズでマルディグラは楽しめる。それと同じように、神道も日本の文化的しきたりの一部にすぎない、と考えることもできるのだ。だが、話はこれで終わりではない。

　神道にいくらかでも触れたことのある西洋人なら、神道が自然に対する感性や浄らかさ、簡素さを重んじる宗教的伝統であることも知っている。海外から日本に来る観光客のほんとんどが、数多い神社の、並外れた静けさや控えめな意匠、自然美に感銘を受けてきた。そびえたつ木々や地面の白い玉砂利、念入りに剪定《せんてい》された生け垣、美しい花々を目にして、多くの訪問者は心の落ち着きを感じる。美の世界への現実逃避からではなく、この世界を深く認識し、完全に享受することから生まれる落ち着きである。小さな子供や老人を連れてにぎやかに神社詣でをする日本人家族の姿からは、神道はいのちを賛美するだけでなく、賛美を生き生きとしたものにしていることを教えられる。私は数多くの外国人が、こうした環境で、奇妙にもくつろいだ気持ちになる、と言うのを耳にしてきた。しばらく日本に住んでいる外国人のなかには、多くの機会に、彼ら自身「神道を感じとった」と言いさえする者もいる。

たいていの人は神道の別の面も知っている。ナショナリズムや天皇崇拝、自民族中心主義の神道のことだ。それは神風特攻隊や軍国主義的熱情の神道であり、日本という国とその国民が、世界で果たすべき唯一無二の使命を統率する、神格化された天皇の神道である。二十世紀前半の国際政治に大きな影響を与えたのはこうした神道だった。

本書では、このようなさまざまな面——伝統的な祭りと儀式、自然と生命の賛美、ナショナリズムと軍国主義——が、同じ神道という宗教のなかでいかに共存しうるのかを探究する。ことによると、神道が抱えるパラドックスには、他の宗教的伝統の解明に役立つものがあるのではないか。それとも逆に、神道は日本だけに限られた独特な事例なのか。こうした問いを考えるための出発点および最終到達点として、神道的な「スピリチュアリティ」を検討することにしよう。このように議論の枠組みを決めておくことで、神道の展開における、そのままでは見落としかねない微妙な関連性が見出せるだろう。ただし、本書での「スピリチュアリティ」という語の用法について注意してもらいたい点が二つある。まず、この語を用いることで、社会的ないし制度的な宗教より個人的な信仰を重視しているわけではない、ということ。つぎに、この語には必ずしも神秘的、ないし超越的なもの、という含みはないということである。以下にそれぞれの点を手短に考察してみよう。

最初の注意点について言うと、「宗教」ではなく「スピリチュアリティ」という語を耳にすると、もっぱら「組織化された」教団の外にある、個人的で個別の宗教体験のことを考える人がいる。しかしよく考えるなら、スピリチュアリティが厳密に個人的な事柄だということはほぼありえない。スピリチュアリティは、こころの奥にひびくものとして感じられるのであり、単なる観察によって研究可能な外的事象ではない。その特質を理解するには、暗示という形で、個人的な経験を語ってもらうほかない。新参者はもとからいる人たちがすることをし、話すように話すことで、スピリチュアリティを内面化する。自分自身のスピリチュアリティを表現するには、まず他の人のスピリチュアリティにこころを動かされる必要があるのだ。人里離れた洞窟や庵《いおり》のなかで結跏趺坐《けっかふざ》したり、ひざまずいて祈りを捧げたりする仏教やキリスト教の隠者の場合でも、こうしたポーズは自分で考え出したのではなく、ひとから習ったものなのだ。孤独に身を置きながらも、隠者は共同体的な文脈の存在を示している。見過ごせないのは、スピリチュアリティのもっとも個人的な表現のなかにさえ、こうした共同体的な領域が、きわめて重要なものとして存在しているということなのである。

もうひとつの注意点は、「スピリチュアリティ」がつねに超越的ないし超自然的なものを信じることを意味するとは考えなくてもよい、ということである。スピリチュアリティは本質的に神秘的で、日常の雑事から距離を置くことだとされることがあるが、そうとは限らないのだ。どんな宗教的伝統にも、日常を離れた法悦《ほうえつ》状態の体験は存在しているだろうが、宗教的な人々が、人間の経験のうちでもっともありふれたもののなかに、スピリチュアルなものを見出すということも多いのである。スピリチュアリティはわれわれの光の認識のようなものだとも言える。光は、目をくらまし、すべてを包み込む閃光《せんこう》として経験されることもあれば、日常世界のものの配置や色合いを見るための媒体として、経験されることもある。つまり、暗い部屋にいて顔の間近でフラッシュ電球を焚《た》かれることと、アンセル・アダムズの写真の白々とした光のニュアンスに心奪われることとの違いである。どちらも光の経験であることに変わりはない。たしかにフラッシュ電球の光も、エル・キャピタンの霧に包まれた山頂のハイライトも、光という点では同じである。だが文脈が違えば、違う経験が生まれるのだ。同じことがスピリチュアリティにも言える。あらわれ方があまりに強烈で突然なため、他のすべてが消し飛んでしまうこともあれば、もっとも日常的な出来事に反映したり、そのなかで屈折したりすることもありうる。あとで見るように、神道的スピリチュアリティは、もっぱら後者の形をとる。スピリチュアリティの意味を神秘的なものに限ってしまうと、神道信者であることの意味をほとんど見失ってしまうことになるだろう。

本書でたどる道のりは、以下のとおりである。第一章では、神道に関わるスピリチュアルな感情に立ち入ってみたい。日本の歴史を通じて、その文化に大きく影響し、神道的スピリチュアリティと深く結びついた、ある生き方の志向性——世界の感じ方、生き方——が存在している。だがその大部分は、他の文化や伝統のなかで育った人間が感情移入できないほど、日本独特のものというわけではない。たしかに、日本での滞在経験がある他の外国人同様、私も「神道を感じとる」経験をしたことがある。だからといって、私が神道信者で**ある**のではないのだが、神社などで私が感じたことは、日本人による彼ら自身の体験の説明と全く一致する。さらに言うなら、同じようなことは事実上どの文化でも、必ずしも神道と関係のない状況においても起こりうるのではないか、と私は思っている。第一章では、私自身の経験のうちで当てはまるものにもとづいて、神道的世界観の核心にある感性について、概括的な説明をおこなっている。そのねらいは読者に——日本に行ったり神社を訪れたりした経験の有無にかかわらず——自分自身の生活のなかにある、相関現象へと目を向けてもらうことにある。こうしたアプローチによって、日本における神道の役割についてさらに洞察を深めるための基礎知識が得られるだろう。

第二章では、意識的に神道に関わる特別な〔ハレの〕行事から、それほど意識的でない日常のなかの〔ケの〕スピリチュアリティに話が移る。日常生活を掘り下げれば掘り下げるほど、文化の細部へと入り込んでゆくことになる。第一章では神道的スピリチュアリティを必ずしも日本に限られない経験として扱うが、第二章では日本の日常生活の諸相のうち、神道が影響していると思われるものをとりあげて検討する。ところで、神道信者であるということは（単に神道を感じとることとは違って）ほぼ日本に限られた現象である。日本以外では自分を神道信者だとする人はほとんどいないのだ。ところが百科事典や年鑑のデータに見るように、世論調査や国勢調査ではほぼ全て（九〇パーセント以上）の日本人が自分は神道を信じていると答えている。多くの日本人にとって「神道を感じる」ことと「日本人だと感じる」ことはほぼ同義なのである。

すでに触れたように、スピリチュアリティにはふつうそれをはぐくむ共同体がある。共同体があるところには社会組織があり、社会組織があるところには制度がある。このことはまさに神道に当てはまる。神道的スピリチュアリティを十分に理解するには、その社会的・政治的側面を検討しなくてはならない。さらに言えば、日本の社会的・政治的組織は何世紀もかけて根本的な変化を遂げてきたのだから、当然ながら神道も時間とともに制度的に変化している。この点から神道を単数でなく、複数のものとして扱う研究者もいる。先史時代のアニミズム的／シャーマニズム的神道、律令制下の神道、神仏習合の神道、国学者の神道、民間信仰的な神道、教派神道、神社神道、国家神道——学問的には文脈にあわせてこのような区別がされている。

　神道の文化的背景をさらに掘り下げ、ときに複数の種類の神道があるように見える理由を明らかにするために、日本史のさまざまな時点における神道の姿を検討することにしよう。第三章から第五章では神道の歴史を、とくに教義や制度の面から概観する。あとで見るように、神道は日本の先史時代にさかのぼる起源をもつ宗教である。だが見方を変えると、神道は一八〇一年頃にようやくその本当の「歴史」が始まった宗教だと言うこともできる。この一八〇一年といういくぶん恣意的に選んだ出発点は、本居宣長の没年である。宣長は神道に新たな立脚地を与えた知識人であり、彼の没後、それをもとにして新しい（あるいはほぼ新しい）種類の神道が生まれた。

　ここでひとつ区別をしておくと神道の展開が理解しやすくなると思われるのだが、それは自分を「神道信者」だとすることの意味は何か、という関心にもとづくものである。区別したいのは、実存的スピリチュアリティと本質主義的スピリチュアリティという二種類のスピリチュアリティである。前者は人が価値を認め、信じ、行なうことに対するラベル付けからくるものである。「このようにふるまったり感じたりするのだから、私は神道信者だ」というように。これを「実存的」な神道的スピリチュアリティと呼ぶことにしたい。生活様式、つまり世界における自己の生き方のパターンに名をつけることから生まれる自己アイデンティティである。後者のスピリチュアリティは、価値観や信条、行動を決定したり動かしたりする、自己存在の核心――自己の本質、魂、ないし生得の性質――についての直観から生じる。「私は神道信者なのだから、このようにふるまったり感じたりするのだ」という具合に。これを「本質主義的」な神道的スピリチュアリティと呼ぶことにしよう。というのも、〔この場合は〕神道信者としてのアイデンティティがその人の宗教的ふるまいのパターンに先行し、（ただ名づけるのでなく）決定づけているからである。

実存的スピリチュアリティと本質主義的スピリチュアリティとの違いは、微妙なものである。たしかに一見すると、神道との一体化のあり方の違いで人を区別するのは、ほぼ不可能だと思われるかもしれない。しかし本書で次第に明らかになるように、人々がどのように宗教と一体化するかは、その宗教の社会における役割に大きく影響する場合がある。まず何が問題かを大まかにとらえるために、宗教とは関係のない例を用いてアイデンティティの実存的あり方と本質主義的あり方の違いを考察してみよう。

たとえば、メアリーについてよく言われるのが、つぎの二つのことだとする。㈠「メアリーはよく冗談を言う」㈡「メアリーはコメディアンだ」この二つの発言はどう関連するだろうか。考えられるのは二つである。一つは、メアリーが何につけても冗談を言うので、そうした行動パターンを指して「コメディアン」と呼ぶという場合だ。このケースでは「コメディアン」という語は、彼女がいつもいかにふるまい、話すかを記述している。この場合、彼女がコメディアンだというのは実存的アイデンティティである。もう一つ考えられるのは、メアリーが生まれつきのコメディアンであり——コメディアンだからある種の考え方、感じ方、ふるまい方をするということだ。この場合、彼女がコメディアンだというのは本質主義的アイデンティティである。つまりそれは、メアリーがなぜそのようにふるまうのかを説明するのだ。本来の自分に忠実であろうとするなら、彼女は自らのもつ、人の笑いをさそう性格にしたがって行動するはずだ。このコメディアンとしての二つのあり方の決定的な違いは、㈠と㈡のあいだの因果関係によるものである。もし㈠ゆえに㈡が正しいという関係なら、状況は実存的であり、㈡ゆえに㈠が正しいなら本質主義的だということになる。

要約するとこうなる。もしわれわれがメアリーは実存的にコメディアンだと知っているとすれば、彼女の生き方やふるまい方について何かしらを知り、彼女がどう他人と関わろうとしているかを知っていることになる。もしわれわれがメアリーがコメディアンなのは本質主義的な意味においてだと知っているなら、彼女があるふるまい方をする原因となる本質的性格について、何かしらを知っていることになる。この二つから異なった予想が導き出される。メアリーは冗談好きだが、ピアノの名手でもあるとしよう。もし彼女が実存的にコメディアンであるなら、その事実を知っていても、それだけでは彼女がピアノをどう弾くか予測できない。ピアノを弾くときはものすごく真面目だが、ふだんは陽気で無頓着なのかもしれないのだ。だが彼女のコメディアンとしてのアイデンティティが本質主義的なものなら、ピアノを弾くときでも、彼女のひょうきんな面があらわれてくる、と当然期待できる。寄席でピアノを使った芸を披露しているのかもしれないのである。

　この実存的／本質主義的という区別を神道的スピリチュアリティに当てはめてみよう。自分は「神道の信者」だと言うとき、人々は自分がたまたま考え、感じ、行動する、そのやり方に、神道という名前を慣例的に与えているのだろうか。それともあるやり方で考え、感じ、行動しようという気をおこさせる、彼ら自身のうちの不可欠な部分を指しているのだろうか。もし前者（神道への実存的な帰属感）なら、神道との関連性はその場限りの柔軟なものである。その場合、神道的スピリチュアリティと結びついたアイデンティティは、彼らに特有な考え方や価値観、行動のうちのあるものを、慣例的に名指したものということになる。そうした実存的アイデンティティを変えることは、好みや趣味、癖《くせ》を変えることに近い。これに対して、神道的スピリチュアリティへの帰属感が本質主義的なものである場合、ことは記述的（説明的）、というより規範的である。本質主義的アイデンティティが自らの本性にもとづくものである限り、人々はある特定のふるまい方をしなくてはならない（あるいは、すべきである）。本質主義的な神道的スピリチュアリティは、人々の考

**写真1　靖国神社の大鳥居**　鳥居の下に帰宅途中の女学生の姿が見える。この大鳥居が神社本殿へつづく表参道の入口となっている。

え方や価値観、行動をただ表現するのではなく、決定し規定するのである。

日本史において神道は、こうした二種類のスピリチュアリティのあいだの緊張関係のなかで制度的発展を遂げてきた。本書の論点は、時代によって、二つのスピリチュアリティのうちの一方が支配的になる傾向があったということである。第三章では神道の起源について論じ、そのなかで双方のスピリチュアリティの根拠を提示している。ついで第四章で示すのは、九世紀初頭から十九世紀にわたる千年間、神道のあり方は実存的スピリチュアリティのほうに大きく傾いたものだったということだ。第五章では一八〇一年から一九四五年のあいだ、そうした傾向が本質主義的なものとなった経過と理由を明らかにし、今日なお、この二種類の神道的スピリチュアリティの対立が未解決である事情を説明する。最終章である第六章では、日本がこの対立を解消するためにとりうる選択肢を考えるとともに、他の伝統宗教において、実存的スピリチュアリティと本質主義的スピリチュアリティがどのように関わり合うのか、という一般的な問題についても検討する。本書での神道をめぐる考察を通じて、スピリチュアリティ一般の理解について考える手がかりがえられるだろう。

# 第一章　鳥居をくぐる

本章では実存的か本質主義的かを問わず、神道的スピリチュアリティの核心にある経験について考えてみよう。「はじめに」で述べたように、神道を感じとるためには必ずしも神道の信者である必要はない。私はこれまで数十年にわたって日本に行き、神社を訪れるなかで、スピリチュアルだと思われる経験をしている。それについて、他の人たち――日本生まれの日本人、日本暮らしの長い外国人の両方――に話してみた結果わかったのは、こうした神道に啓発された出来事についての説明は、私の場合も彼らの場合も似たようなものになるということだ。したがってこの章では、考察に細部を補い、西洋人の読者にも「神道を感じとる」経験を身近に感じてもらうために、私自身の個人的な経験をいくつか織り込んでいる。だからといって、そうしたスピリチュアルな出来事を経験できる特権が私にはある、と主張したいわけではない。話は全く逆で、そうした出来事は特別なことに感じられるかもしれないが、実際はよくあるのだということを例証したいのである。

個人間ないし文化間での経験の比較によって考察できるのは、何が経験されるか、あるいは、どのように経験されるか、ということである。たとえばあなたの好物がチョコレートで、私の好物がポップコーンだったとしよう。チョコレートとポップコーンがよく似ているなどと言う人はいないだろうが、それでも「好物がある」という経験は似通ったものでありうる。何が好きかは違っていても、好物をどう欲しがり味わうかは同じでありうる。つまり私には好物があるとはどういうことかがわかっているので、ある決定的な点においてあなたのチョコレートに対する好みを理解できるのだ。この観察が役立つのは、われわれとは異なる伝統に属する人のスピリチュアルな経験を理解しようとするときである。互いの宗教的伝統が異なる場合、何が聖なるものかについては意見が一致しないかもしれないが、聖なるものの経験の仕方はほとんど変わらないということがありうるのだ。

私自身が「神道を感じとった」出来事を検討してみてわかるのは、その経験の仕方が神道に、さらには日本にさえ限られないということである。したがってここでは神道的スピリチュアリティについて考えるにあたって、奇妙に見えるかもしれないが、神道には直接関係しない経験から話を始めることにしよう。その目的は、日本にも神社にも行ったことのない読者でも共感できるような出発点を見出すことにある。

## 不可思議な神秘の体験

多くの宗教伝統では――神道も例外ではないが――スピリチュアリティは神秘的で不可思議なものと共鳴し合っている。神秘を理解するには、神秘に対して、神秘のなかで、反応しなくてはならない。つまり、われわれがスピリチュアルな意味で神秘と出会う場合、それは何か（＝説明不可能なもの）についてのものであると同時に、その何かに対するわれわれの反応の仕方（＝驚異をともなって）についてのものでもあって、この二つは切り離せないのである。対象として見た場合、神秘的なものは、つねに存在しているが多くの場合気づかれなかったり、忘れられたりしている潜在的な力のように感じられることがあるかもしれない。それは〔ビートルズのリンゴ・スターのアルバム名でもある〕「立ち止まってバラの香りをかげ」というアドバイスに似ている。バラが咲いているのを知っていても、忙しすぎてその香りを楽しむ暇はないかもしれない。でも立ち止まってバラの匂いをかげば、そこにずっと存在していたものに気づかされることになる。神秘的なものは時にそうした忘れられた存在に似ている。しかし時には、日常的な体験を超えたところからあらわれて注目を引くような、新しいものということもある。神秘的なものがわれわれの注意を引きつけること、さらには要求することさえありうるのだ。こうしたケースでは、われわれはそれに打たれることになる。どちらの形であろうと神秘的なものが引き起こすのは、「ああ！」という反応である。この「ああ！」は「ああ、なるほど！」や「わかった！」――つまり、答えが見つかったという叫びではない。神秘に対する「ああ！」という反応はむしろ、説明できない力あるいは存在を、驚きで声も出ない状態で認識し把握することなのである。この「ああ！」は、われわれが完全には理解しない（できないかもしれない）ものに対する深い崇敬の念を示している。神道的スピリチュアリティは、畏怖の念を起こさせるものとして神秘尊ぶのである。

他の人たち同様、私はこうした畏れや神秘、力を、必ずしも日本と関わりのないさまざまな場面で感じてきた。日没近くにロッキー山脈をドライブ中、カーブを曲がって目も覚めるような峡谷に出くわしたときにそれを感じた。初めてナイアガラの滝を見たとき、それは「おおっ」という声となって出た。ハワイのマカプウ岬で、蒼《あお》く拡がる空と押し寄せる海を目の当たりにしたときには、唖然《あぜん》とし息もできない状態としてあらわれた。赤ん坊が、仔馬が、生まれて初めてよちよちと歩くのを目にしたときにも感じた。私がそうした経験を大切にするのは、まさにそのおかげで客観的観察という限界を乗り越えることが可能になるからだ。説明するまでもなく、私にはそれが特別なものだとわかる。こうした経験は本書でいう「神道を感じとる」ことと共鳴し合う。

だが、神道を感じとることはロマン主義的な自然論に限定されるものではない。そこには、人間が作り出したものとの出会いさえも含まれる。私は、マグナ・カルタやアメリカ独立宣言の原本を見たとき、ベルリオーズの『レクイエム』の「キリエ」やマイルス・デイヴィスのアルバム『カインド・オブ・ブルー』を初めて聴いたときにも、それに似た経験をした。満場の何万ものフットボールファンが歓声を挙げるオハイオ州立大学のスタジアムに入るとき、またミケランジェロのダヴィデ像を見るたびに私は脊椎《せきつい》を火花が駆け上がるような感覚に襲われるのだが、そうした感覚のなかにもそれはある。

神道を感じとることのなかにある畏怖《いふ》の感覚は、必ずしも心地よいものではない。百年前とほとんど変わらないロンドンの路地裏の、切り裂きジャックによるバラバラ殺人の舞台となった場所を訪ねたとき、私はぞっとするような畏怖の念をおぼえた。同じことを感じたのは、子供の頃、霧がかかった月夜に人影のない墓地の傍らを通っていて、地面をさがさと這《は》う音と不気味な口笛を耳にして、ぞっとするあまりうなじの毛が逆立ったときのことだ。オクラホマで、地平線に覗いた嵐の黒い先端がたちまち地面に拡がるのを、身動きもできず見つめるしかなかったとき、またハワイで、台風の波が車を走らせている道路に押し寄せ砕けるのを見たとき、畏怖には恐怖が入り混じった。ウィスコンシン州北部で夜を過ごし、生まれて初めて体感温度摂氏マイナス六八度という衝撃的な寒さを体験したときには、ショックのあまり声が震えた。

人生で、こうした強烈な出会いをしたことがないという人は、あまりいないだろう。こういう経験は人を惹《ひ》きつけ、驚かせ、怖がらせる。神道的スピリチュアリティとは、はっきり理由はわからなくても、われわれがこうしたことを身近に感じるようになること――われわれがそれらの一部であり、それらもわれわれの一部だと感じること――に関わるものなのである。実のところ説明が過ぎるとうまく言い抜けたようになってしまい、最初に感じた力は失われてしまう。神道では、そうした畏怖を引き起こす存在に――自然のものでも人工のものでも、喜ばしいものでも悲しいものでも、場所、人物、出来事のいずれでも――名前が付けられている。そういう存在の生命力を、神道ではふつう「タマ」「ミ」ないし「モノ」と呼んでいる。そして存在それ自体は「カミ」である。この、畏怖を喚起する神秘へと向かう、あるいはそれから来る道は「カミノミチ」であり、漢字で書かれた場合通常「神道《しんとう》」と発音される。つまり神道は畏怖に由来するものなのである。約二千四百年前の古代ギリシアで、アリストテレスは哲学もまた驚異ないし畏怖〔タウマイゼン〕から始まると言った。だが、彼の態度は神道とは異なっている。アリストテレスは、理性によってこの驚異の根拠を探り出そうとした。彼にとって哲学の目的は、われわれを畏怖から理解へと導くことにあった。しかし神道にとって重要なのは、畏怖を喚起するものを、われわれが生きる世界の一部として受け入れることなのだ。不可思議な神秘を否定したり、根絶しようとしたりすることは、故郷《ホーム》を捨てることに他ならない。

日本の伊勢神宮の近くの二見浦《ふたみがうら》では、岸辺にほど近い海面から二つの岩――一方は四メートル、他方は九メートル――がそそり立っている。太い綱がこの二つの岩を「夫婦」として結び合わせている。大きい方の岩の上には小さな鳥居があり、海岸にはこの二つの岩に合わせたように大きな鳥居が立っている。海岸沿いには蛙のさまざまな像が置かれてい

**写真２　二見浦の夫婦岩**　男岩と女岩とをつなぐ注連縄は、この「夫婦」の岩がカミとしての性質をもつことを示している。

るが、蛙はここでは神聖な生き物とされている。日本語では「蛙」と「帰る」は同音語なのだ。この二見浦の夫婦岩が示唆するのは、神道を考察するにあたっての二つの問題点である。一つは、神道は関連性、つまり関連しあうものが互いに相手の一部となって密接な関係にあるということ。もう一つは、神道は畏怖を喚起する力のある場所を目印によって示すということ――二見浦のケースでは鳥居と注連縄《しめなわ》のどちらもがその目印となっているのである。それでは次に、この二点を順に考察していこう。まず取り上げるのは関連性の特質である。

## 内在的関係と外在的関係

二つのもの（仮にAとBとする）が関連しているとき、この関係の意味を理解するにはふつうに考えて二つの方法がある。まず考えられるのは、AとBという二つの独立したものが関係に先立って存在し、第三者（仮にRとする）がこの二つを結びつけ、両者のあいだに関係をつくるということである。この場合、もしRが将来のある時点で消滅すれば、Aは単なるA、Bは単なるBに戻り、どちらの本質的な個体性も損なわれることはない。哲学者はこの種の関連性を「外在的」関係と呼ぶが、それは関係づけが、関係する二つのものの固有の性質（もとからある性質）の外部に存在しているからである。例として、峡谷を形作る二つの崖を結ぶ歩道橋を考えてみよう。万一この橋が壊れたとしても、どちらの崖ももう一方に関係なく存在し続けるだろう。橋はそれぞれの崖がそれ自体何かということの外にある「埒外にある」関係なのである。そうした外在的な関係は、図1のようにあらわすことができる。二つの独立したもののあいだの関係Rが消滅しても、AはA、BはBであり続ける。

もう一方の種類の関連性は、哲学者が「内在的」（ないし「本来的」）関係と呼ぶものである。この場合AとBは独立しておらず、相互依存的である。Aの完全性はBの完全性と切り離せないし、その逆も成り立つ。内在的な関係のあり方は、重なり合う二つの円（AとB）として考えることができ、関係はその重なり（R）にある。RはAの一部でもあり、Bの一部でもある。したがってこの関係が解消すると、AとBのいずれもが前より小さくなることになる。例としてジャズの即興演奏を考えてみよう。個々人の演奏は他人の演奏と密接に関連しあっている。個々の奏者は他の全ての奏者に影響されつつ同時に影響している。**図2**で示したのはそうした内在的な相互依存のあり方と、その消滅の結果である。

　この二種類の関係性は、「スピリチュアルな力」をあらわす神道用語である「タマ」

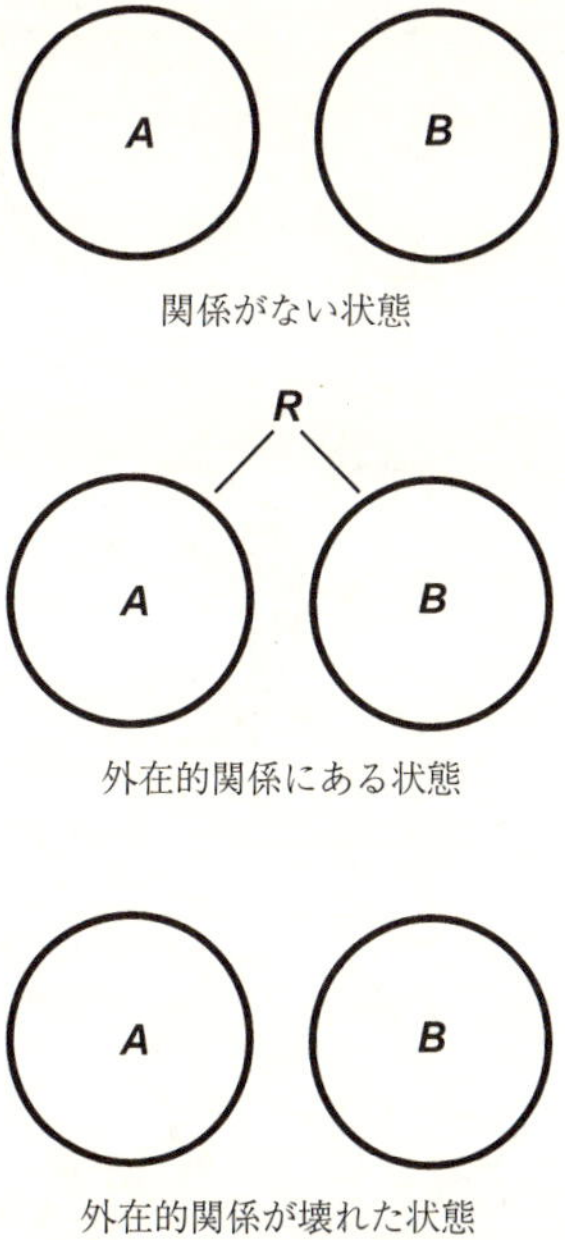


**図1　外在的関係の力学**

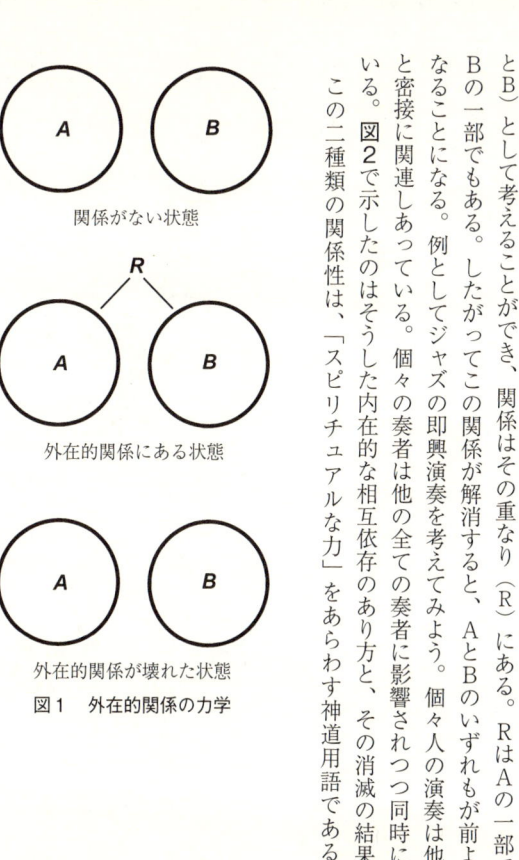

「ミ」「モノ」に当てはまる。ごく厳密な意味で用いた場合、「タマ」という語があらわすのは、対象に浸透しつつ、対象となる物体と自らの双方の完全さを保つスピリチュアルな力である。したがって「タマ」は、西洋における soul や spirit と似たものと考えられうる場合もある。「タマ」と物体との関係を、岸に打ち寄せる海水のなかの砂粒の浮かび方に例えてみよう。砂が波全体に拡がっているので、どうすくっても水は砂交じりになる。だが砂は水には溶けない。水を一杯すくい、砂粒が底に沈むのを待って、その数を数えることもできる。これはつまり、砂も水もその本来の性質を変えないという関係なのである。

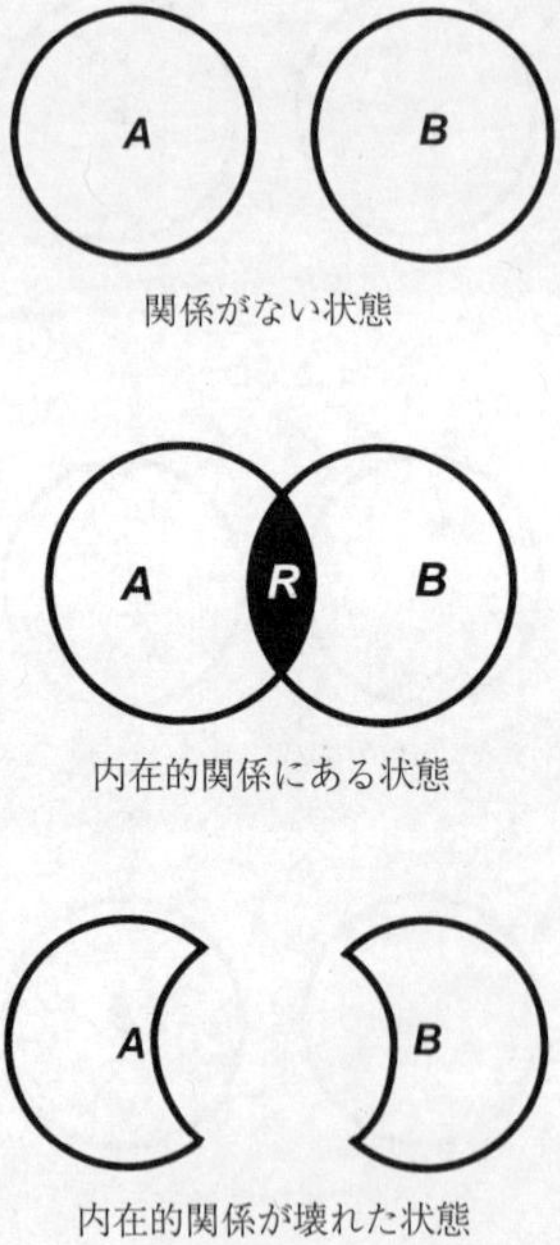

図2　内在的関係の力学

同じように「タマ」の存在は物体を変えず、物体も「タマ」を変えない。両者の関係は基本的に外在的なのである。

神道においてスピリチュアルな力を、物質性に対して外在的ではなく内在的に関係するものとして論じる場合には、「タマ」ではなく「ミ」あるいは「モノ」という語がよく用いられる。ミもモノも物質性なしには存在せず、物質性もそれらなしには存在しない。どちらも、他方なしにはそれ自体でありえないのである。この場合の関係は、海水と砂ではなく、海水と塩の場合に似ている。砂と違って、塩は結晶構造を失って水に完全に溶解する。さらに言えば、海の水はどこで汲《く》んでも塩辛い。「ミ」「モノ」という神道用語は、「タマ」と区別して用いられるとスピリチュアリティと物質性とのあいだの内在的な関係を強調することになる。「ミ」と「モノ」が示すのは、精神も物質も互いに依存しなければ存在できないということなのである。

前に指摘したように、不可思議な神秘は、いつも存在していながらふだんは気づかずに経験していることがある。ミとタマもそれに似ている。物質界はつねにどこでも精神的であるし、精神的なものは物質的なものなしには決して存在しない。物質界のこうした見過ごされがちな側面を感じ取るには、神道の習俗（praxis）——相互に関連した個々の実践（practice）からなるシステム——に触れることが役立つかもしれない。だが、すでに述べたように、畏れを喚起する神秘は、われわれに接近し自らに注意を引きつけるものということもある。これはタマの方に近い。タマはそれ自体の全体性を備えたスピリチュアルな存在であって、物質界のなかを移動するけれども完全に溶け込んでしまうことはない。タマの全体性を列挙すれば、個別化されたsoulないしspirit、つまり「ミタマ」ないし「タマシイ」となる。「ミタマ」「タマシイ」は、「自分の魂」のような個人的なものを指す場合にも、「古代日本人の魂（ないし精神）」――すなわち「大和魂」――のような集合的なものを指す場合にも用いられる。

まとめると、神道におけるスピリチュアルなものと物質的なものとの関係は、外在的でも内在的でもありうるし、その両方でもありうる。しかし、物質的なものはスピリチュアルなものとのなんらかの関係なしには存在しえないのである。例えとして電磁石を引いてみよう。鉄棒のなかの分子はすべてプラスとマイナスの電気を帯びている。そうした電気エネルギーをもたないものがありえないのは、ミをもたない物質がありえないのと同じである。この鉄棒が（ちょうど物体にタマが触れるように）外部からの適量の電気にさらされると、分子中の極性が整列し、鉄棒全体が磁石となって識別可能な独立の磁界をもつ。非磁性から磁性への変化が生じるのは、鉄棒の電流に対する外在的な関係によってである。しかしその内部を考えると、分子レベルでは鉄棒はつねに電気を帯びている。いわば非磁性から磁性へという変化は、鉄棒それ自体ではなく、鉄棒のあり方の変化なのである。これと同じように、タマが物体に「入る」ことで物体が「スピリチュアルに活性化される」

というわけではない。ミのない物質が存在しないということは、物質はすでに活性化されているということなのである。タマに関する変化は、いかに物質がスピリチュアルに活性化されるかにある。

第三のあり方を挙げるにあたって、モノという語が使えるだろう。モノが多くの場合指すのはとくに、異形のもののスピリチュアルな特質のことで、幽霊、小人、動物、人間、そのいずれの姿もとりうる。そうしてモノは人に憑依《ひょうい》したり、個別化されてタマに似たものとなったりする。日本語のタマ、ミ、モノという単語の違いは、本質より様態の違いにかかわるので、意味の区別があいまいになりがちである。本書では便宜上、日本での一般的な用法に従って、タマという語をごく広い意味で用い、スピリチュアルな力がもつミ、モノといったさまざまな意味を含意させることにしたい。むろん、区別が重要な場合には厳密におこなうこととする。

それでは、話を二見浦の夫婦岩に戻そう。この二つの岩の関係は内在的なものだろうか、それとも外在的なものだろうか。一見すると、はじめは別々の存在だった二つの岩が、その後、村人たちによって結婚させられたように思えるかもしれない。その場合、神聖な縄〔注連縄〕は結婚指輪のようなもので、二つの岩のあいだに外在的な（契約的ともいえる）関係が成り立ったことを意味することになるだろう。しかしより深いレベルで村人は、二つの岩のつながりはつねにそこにあり、したがって縄は関係を作るのではなく、関係を祝うものだと認識している。こう考えると、縄は結婚指輪というより、記念指輪のようなものとなる。縄は、異なる二つものが外在的な関係に入ったことのしるしではない。むしろ、二つの岩がずっと結婚した状態にあることを地元の住民が認識しているしるしなのである。二つの岩はまるで、夫婦が愛を分かち合うように、互いに力を分かち合っているかのようだ。どちらの岩も、もう一方の岩がなければ完全にそれ自身とはなりえない。このより深いレベルでは、二見浦にあるのは岩、縄、もう一つの岩の三者ではない。あるのはたった一つのもの、タマなのである。それが二つの岩と縄、さらに村人さえもが重なり合うなかから生じるのである。このことから次に考えたいのは、二見浦についての第二の点――注連縄と鳥居がもつ、しるしとしての役割である。

## 注連縄と鳥居

神道ではふつう、人間はカミと内在的に関係しており、この関係がなければ人間は自分自身ではなくなるとされている。それに劣らず重要なのは、カミはその本性として、人間を含む世界と相互依存的であり、親密につながっているということである。第三章で見るように、古代の神道神話によると、世界の始まりは天界のカミの単為生殖によることもあるし、他の手段（原初の泥からの創造、カミ同士の性交により生まれる〔国やカミ〕など）によることもある。このように世界はカミとタマで満ちているが、それは物質界がそれ自体として存在し、カミがそれと何らかの関係をもっているからというわけではない。また、世界がカミとその力に満たされているのは、カミが世界を創造したからというわけでもない。むしろ、世界がカミに満たされているのは、世界とカミが相互に依存し、互いの存在なしでは不完全となるからなのだ。この考え方を、注連縄の用いられ方に適用してみよう。

日本で森、あるいは都会でも神聖とされている場所を歩いていると、幹に注連縄が巻かれた大木に出くわすことがよくある。この神聖な藁のロープは、その木をカミとして結界を作っている。単に、その木にカミが宿っていると考えるのは正しくない。そうした狭い見方からすると、木という物体とカミは別のものであり、後者が何らかのかたちで前者に宿っているということになる。そう考えると、木とカミの関係は単に外在的なものに映る。両者を個別に分析してみると、それらがどう関係したのか頭をひねらざるを得なくなる。しかし、前述したようなタマとミについての考察から推測すると、カミが木に宿っていると考えられる場合でも、そのせいで物質としての木がスピリチュアルなものになるというわけではない。その木がスピリチュアルなものであるのは、カミの遍在性のゆえなのである。この世界の他のすべてのものと同様、木はカミと内在的に関係している。紛れもないタマの存在があり、それが木に宿ることができるのは、木がすでに物質的であるとともにスピリチュアルでもあるからなのだ。カミのいない世界はないが、それと同じくらい重要なこととして、カミの本性からすれば、物質界は存在しなければならなかったということがある。物質界はカミの断片からできている。物質は非物質的なカミによって作られたのではない。われわれの知る世界は、カミ固有の本性と別物ではないのである。

注連縄と同様、鳥居もまた聖なるしるしである。鳥居は人々を畏れを喚起する力に結びつけるにあたってのしおり《ブックマーク》として働く。それは、人が離れた場所と戻る場所の目印となる。それは、世界や人々、自分自身との親密な関係への目に見える入口なのである。日常の些末な事柄のなかに埋没してしまったとき、畏れを感じる力とのつながりを失ってしまったとき、人はしばしば帰るべき場所を失った《ホームレス》と感じる。鳥居が示すのは家《ホーム》への帰還なのだ（「家に帰る」という意味の日本語動詞をその名にもつ、二見浦のカエルのことを考えてみよう）。日本語では迷子になることを「道を間違える」と言う。神道はカミの道であり、人々は道を大きくそれると、自分自身の一部を失い、道に迷うのである。方向を見失い、人々はカミに満たされタマの力に溢れた世界への帰り道を示すしるしを求める。鳥居はその目的にかなうものだ。鳥居をくぐることは、再び力を得ようとすることなのである。

鳥居と注連縄には、少なくとも二通りの機能がある。一つ目は、人々をカミに満たされた世界に結びつける凝縮力をもつものとして、特定の場所ないし物体を明示することである。すでに触れたように、注連縄はたとえば特定の木や岩をカミとして選び出すために用いられる。鳥居はふつう、神社への入口となっているが、それだけにはとどまらない。富

写真３　神木　幹を囲む注連縄と前にある立札がこの木をカミであると示している。

士山の登山道を例にとれば、頂上に近づくと、神社がなくとも道のわきに風雨にさらされた簡素な鳥居を見かける。周囲を見ても、足元には軽石の転がる荒地、頭上には空しかない。これは富士山それ自体がカミであるからだ。つまり、富士山は神秘的な力と畏《おそ》れの存在する場なのである。他の宗教の聖地――エルサレムやメッカ、あるいは釈迦《シャカ》が悟りを開いたブッダガヤの菩提樹――とは違い、富士山が聖地となったのは、歴史的な出来事のためではない。富士山は過去から今に至るまで、本来的に畏れを喚起する存在であり、驚くべき力で満たされた場所でありつづけてきた。神道では木や岩は、長い年月あるということや奇怪な形という理由だけでカミとなりうる。濃密に物質の力が感じられれば、それをカミと結びつけるのに十分だ。その点で、本章の冒頭で論じた、畏れを感じさせるアメリカの自然現象にいくらか近いものとなっている。

ときに、鳥居や注連縄が歴史的意味をもつ場所のしるしとなることがある。たとえば、神木がカミとなりうるのは、「カミ」である天皇や皇后によって植えられたという理由であることがある。同じように、亡くなった武士や将軍のミタマを畏敬の対象とする神社が奉献されることがある。その人物の剣がカミとされることさえありうるのだ。こうした現象から考えられるのは、連想によってカミとされることがあるということである。しかしこの「連想によって」という表現を理解するには、内在的な関連性から考えることが重要だ。剣は畏敬の念を感じさせる武士と内在的に関連している。それは身体同様、カリスマとなった武人の一部である。彼の称号による所有物ではなく、彼自身の一部であり延長なのだ。そして剣の力は、それを行使する武人から切り離すことができない。天皇が植えた木や武人の剣は、誰かからタマを授けられたわけではない。そうではなくて、天皇や武人に触れられたことによってタマとなったのである。それは、淡水が海と接することで塩辛くなるのと同じである。いったん関係が生じると、淡水と海水を分けることはできないのだ。

鳥居や注連縄のような、神道のしるしの第二の機能は、特定のものを抱括的なものに関連づけるその能力である。外在的な関係よりも内在的な関係の深さを重視するシステムでは、時に「ホログラフィー的入口」とも呼べる現象が見られる。外在的な関係のシステムでは、全体を外部にあるコネクターによって一つに接続された、独立の部分からなるものとして強調する傾向がある。つまり、全体はA、B、C、Dなどからなり、関係(relations)——さまざまなR——がそれらを外側から結びつけている。全体を見渡すには、システムから離れ、外部にある展望のきく地点に立つ必要がある。そこから見た全体は、外在的関係によって結びつけられた部分からなるネットワークのようである。例として**図3**を見てほしい。これに対して、内在的関係のシステムはおおむね、全体を、各部分と本来的に結びついたものと考える——つまり**図4**のようになる。だがこの図も適切とはいえない。というのも、ここでは全体が部分からなるとしているものの、全体があらゆる部分のなかにあることを示してはいないからである。内在的関係を完全に実現したシステムでは、全体はホログラムの画像に似ており、ホログラムの各部分はその解像度が低くても全体の像を宿しているのである。このことを踏まえて、以下では「ホログラフィー的入口」という語を用いて、全体がすべての部分に反映されていることを教えてくれる現象すべてを指すこととしよう(図5を参照)。

この全体/部分の関係のもう一つの例として、人体とDNAの関係を考えてみよう。ふつうに考えれば、一本の髪の毛はその人の一部にすぎない。しかし犯罪捜査においては、このわずか一本の毛髪が本人の全身の遺伝子的構成の基本パターンを明らかにする。人体の情報の全て――髪の色から目の色、身長、体型、血液型、さらにはある種の病気へのかかりやすさまでも――がその人物の細胞一つ一つ、その髪の毛の細胞にも刻印されている。部分は全体を反映し、全体はあらゆる部分に存在するのだ。こうした関連性をよく理解するための展望のきく地点は、〔対象から〕距離を置くのではなく、一つの証拠を精査するところにある。この証拠は、全体の把握につながるホログラフィー的入口として機能するのである。

鳥居は、こうしたホログラフィー的入口を形づくる。もちろん世界全体がカミやタマで満たされている以上、この世界にあるすべてのものは、何らかの形でカミがもつ不可思議なほどに神秘的な力を反映している。しかし、神道はしるしを用いることで、カミのホロ

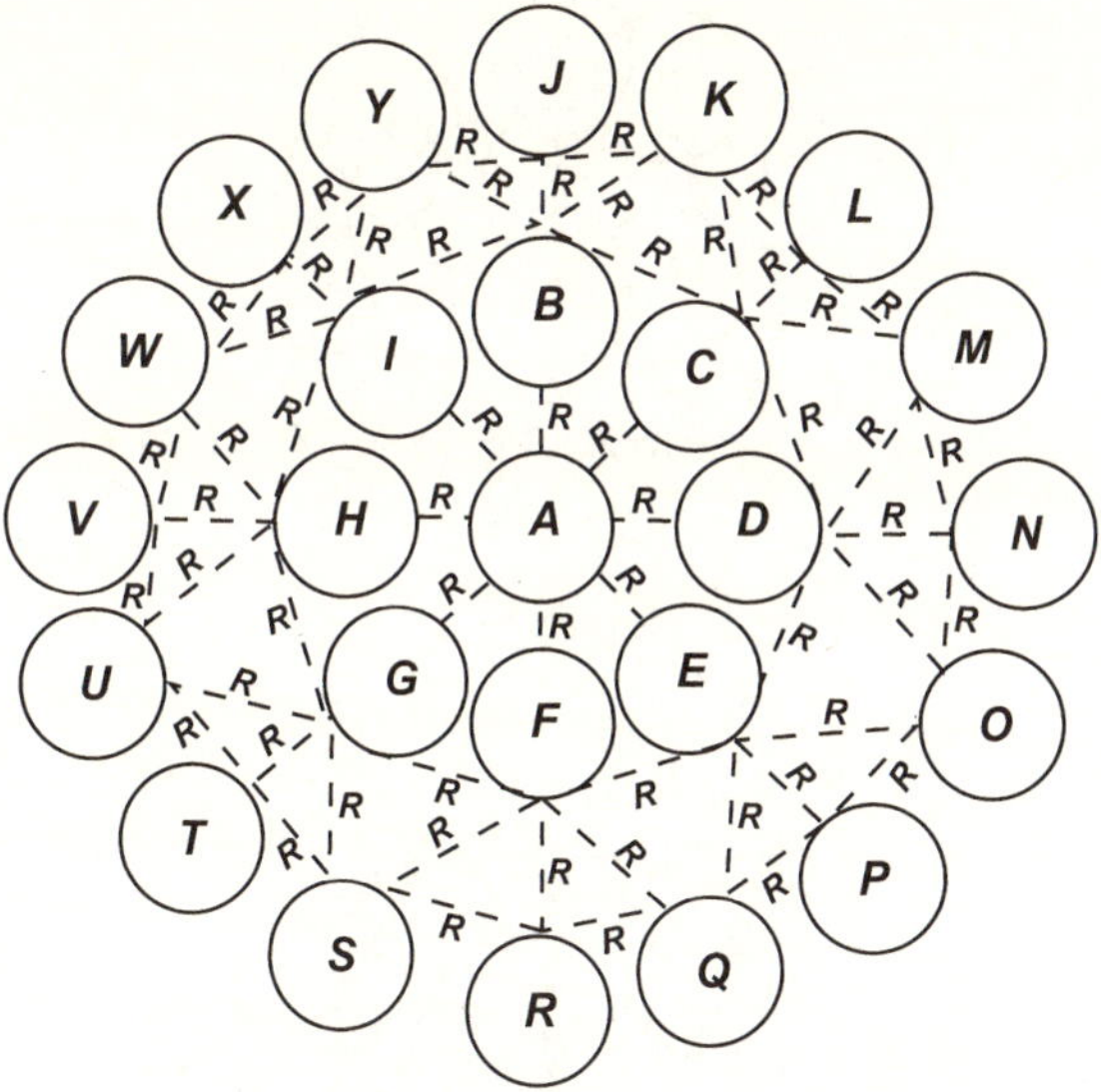


図3　外在的関係にある全体

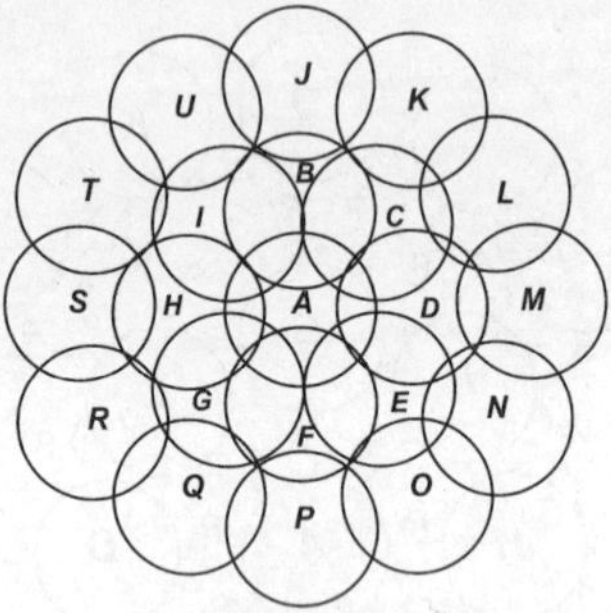


図４　内在的関係にある全体

図５　ホログラフィー的全体

グラフィー的な性質をより容易に感じられる場所を特定し、明示するのである。多くの場合、こうした場所は鳥居と注連縄で仕切られており、それによってともかくも他の場所よりもカミの存在をあらわにしている。このように、富士山や二見浦の夫婦岩、さらには天皇自身の場合でも、その意義は単に孤立した、カミの宿る場所ということではない。そうではなくて、それらはカミをあらゆる場所で経験するためのホログラフィー的入口なのである。個別的なものに入ることで、入る人とあらゆる実在とのホログラフィー的関係が明らかになるのだ。

　鳥居は、自動的にホログラフィー的入口として機能するわけではない。私が簡単に入り込めるような、何か外在的なものとの結界を作っているわけではないのである。鳥居の向こう側の神秘的な力が正しく機能するには、鳥居をくぐる人と内在的な関係になくてはならない。その力は、その人自身と相互依存的な関係にある。もしも困惑して不安だったり、心が不浄《ふじょう》で隠し事をしているなら、たとえ鳥居をくぐってもまた元の状態に戻るだけだ。

神道における神聖な象徴《シンボル》の一つに鏡がある。実際、規模の大小を問わず、多くの神社の祭壇には鏡しか置かれていない。剣と勾玉《まがたま》とならんで、鏡は神道の祭主である天皇の公式な宝物〔神器〕の一つとなっている。鏡がものを映す力は、その汚れのなさにかかっている。したがって、神社ではふつう入口近くに清め〔禊《みそぎ》〕のための手水鉢が置かれている。人々は神社の中心部に入るとき、手を洗い口をすすぐことで、間違った言動から生じた汚れをすべて洗い清めなくてはならない。人々は道中の汚れを洗い流し、カミとタマに満ちた神社で、故郷《ホーム》に帰ってきたという思いに浸る用意が整う。心も精神も清くなるのだ。富士登山路のわきにある鳥居の機能も、同じである。鳥居は巡礼者たちに、頂上に近づくのに備えて自己の内面を清めるよう促しているのだ。

## まことのこころ

ここまで論じてきた純粋なハートとマインドは、日本語では「まことのこころ」、あるいは縮めて「まごころ」と呼ばれる。「まこと」が意味するのは「真実」「真正」「誠実」、すなわち本当の自分自身であることを意味する。内在的な関係性があることで、私のなかには通常の意味での「私」を超えるものがある。カミの国にいる人間として、人は聖なるものの一部である。人は、カミとタマに満ちた世界の本来的な一部をなしているので、もしその人が純粋なら、不思議なことに全体を映し出すのだ。カミの存在を本当に感じとり、それに反応し、ホログラフィー的入口を十分に活用するためには、人はまず「まこと」であらねばならない。「まことのこころ」という表現の後半にある「こころ」——真正ないし真実であるべき「ハートとマインド」——には、とくに注意する必要がある。

感情と思考の場としての「こころ」は、英語でたいてい heart や mind と訳される。もっともなことだが、研究者はしばしば、「こころ」という語を西洋の伝統における heart や mind と、それにあたる語と結びつけている。たとえば古代ギリシア語の psyche、ラテン語の anima、ドイツ語の Geist などである。だが、こうした西洋語は「こころ」に近似した語にすぎず、等価語ではない。留保すべき重要な点は、こうした西洋語は伝統的に、物質的なものないし身体（肉体）との対比において用いられてきたということだ。これとは対照的に、神道はふつう、カミの理解に見られるように、物質的なもの（そこには肉体を含む）をスピリチュアルなもの（さらには心理的なもの）と相互依存的で不可分であるとみなす。したがって、「こころ」を heart や mind と同じとみなすことは誤解のもととなる。というのも、そのように等価視することは「こころ」を心理的＝精神的なもの、感情的＝知的なものに限定し、したがって身体的＝物質的なものを排除することになるからである。日本語での概念を明確にするために、「こころ」にもとづく反応を、よく知られている刺激／反応という科学的モデルと対比してみよう。刺激／反応のパラダイムでは、「外在的」なものごとが人の感覚器官に働きかけて身体に感覚を生じさせ、つぎにそれを精神（脳）が「内在的」に知覚として変換し、思考や感覚という他の対象へと関連づける。つづいて、このモデルではそのプロセスが反転し、こうした内在的な知覚や思考、感情を通して、人は外部からの物理的刺激に反応するのである。このモデルにある、外在的関係に注意しておこう。世界と人はそれぞれ独立した存在であり、刺激／反応のメカニズムは別個の二つの存在を結びつける二方向の経路なのである。
しかし伝統的な理解では、「こころ」は世界と人との重なり合いのなかで共鳴する反応性とみなされる。「こころ」の反応は、複数のもののなかにあることから生じる作用である。刺激／反応のモデルが例示するとおり、世界と人とを独立した二つの存在として区別することはたしかに可能である。しかし、神道が強調するのはむしろ、世界と人は一つの共鳴の場において相互に依存する二つの極であるということだ。例として、畏れを喚起する木を前にして人が見せる反応を考えてみよう。神秘体験についての議論のなかで述べたように、畏れは人や木だけでなく、この両者の相互作用にも存在する。その木は何らかの意味で並外れたものに違いないし、そのタマは人の注意を引くはずだ（注連縄のおかげで）。だがそれと同様に、人は自分から進んでこうした状況に引き込まれているはずなのだ。他に考えごとをしていたり、熊から逃げようと森を走っていた途中だったら、ホログラフィー的入口としてのこの木に気づかないこともあるだろう。だが適切な状件の下であれば、注連縄は木を取り巻き、人を木との内在的関係へと引き入れる。要するに、「こころ」が示唆するのは感情に満たされた認識なのである。畏れを喚起する木との関わりにおいて、思考と感情は同時に現れてくる。

　このように、「こころ」は人の内部にある反応の中心であるにとどまらない。英語に訳さねばならないとしたら、マインドフル・ハートという表現が——とりわけマインドフル・ハートが身体から切り離されていないことを考えると——近いかもしれない。マインドフル・ハートとは、反応が相互に依存し合った複合体であるので、「こころ」は決して単なるむやみな感情ではありえない。それどころか、「こころ」は感情をそなえた認識、認識をそなえた感情なのである。この点で、「こころ」は主観的でもあり客観的でもある。「並外れた」ことを経験するにあたっては、現象とそのタマによって感情を揺り動かされる準備ができていなくてはならない。だがなにかを「並外れた」ものと認識するには、「並み」のものと比較して考えることが不可欠である。二見浦の夫婦岩についての説明に通じるが、「こころ」とは人と世界のあいだにある領域のようなもので、「こころ」が人と世界のあいだで共振するなかで、二つの極として区分けできるのである。畏れを喚起する世界と、畏れを喚起された自己は、一つの出来事の部分としてのみ存在する。ここで「こころ」という概念をより具体的にとらえるために、神道の主要な哲学者の一人である本居宣長（一七三〇～一八〇一年）を考察の対象としてみよう。宣長は「こころ」の役割を独創的な言語表現で説明したが、それは詩的なるものと聖なるものが相まみえる局面なのである。

第一に、神道では物質性とスピリチュアリティが重なり合っていることからすると、宣長が人だけでなくものにも「こころ」があると考えたのは驚くにあたらない。結局のところ、もしも物質的存在が同時にスピリチュアルな存在でもあり、世界がカミの断片からなるのだとすれば、「もののこころ」が存在するはずである。エコロジカルな視点（内在的関係の親密なシステムに適合した）からすれば、ものは互いに依存し合い、反応し合う。この相互依存のなかに、ものの「こころ」があるのだ。第二に、人間も「こころ」をもっているが、作為性のために、「こころ」の内省的性質を損なっている。日々の悩みや問題という塵で鏡がおおわれて、タマが映らなくなることがあるのだ。宣長は、純粋で誠実で、鏡のような人間の「こころ」を「まことのこころ」（「真実」ないし「真正」のこころ）と名づけた。第三に、宣長は古典の歌学にもとづいて、この「こころ」についての関係性にもう一つの構成要素をつけ加えた。つまり、ことばの「こころ」をつけ加えたのである。宣長の主張によると、古代日本語の語彙――つまり中国・朝鮮の文学的影響以前の言語――には、物理的な音だけなく、それにともなうスピリチュアルな領域が存在しているという。つまり、「言（コト）」に「タマ」がある、「言霊」が存在するのである。これはことばの「こころ」、「言の心」である。

では、宣長の理論を応用して考えてみよう。歌人が、たとえば山々にかかった霧を和歌に詠むとき、何が起こるだろうか。もし歌人の感応が本物なら――つまり「まことのこころ」があれば――歌人の「こころ」は、実際の山霧の「こころ」、そして日本語のことばの「こころ」と共鳴する。これらの「こころ」が相互に依存していること、共通した感応をもっていることを通じて、歌が生まれるのだ。この観点からすれば、山霧の歌を詠むのは歌人ひとりではない。より正確に言えば、山霧、日本語のことば、歌人が一体となってその歌を詠むのである。これと同じように、人々は鳥居をくぐって神の鎮座する境内に純粋で真正な「こころ」をもって入ることで、彼ら自身のなかに全体を映し、それによって全体のなかに彼ら自身を映し出すホログラフィー的入口に入ることになるのである。そうすることで人々はつながりを感じ、安心感を覚えるのだ。

## 神道の「宗教」としてのアイデンティティ

このような分析が、神道の習俗を解釈するのにどう役立ちうるかを見るために、神道の活動のなかでごくありふれたものを例に考えてみよう。神社での参拝である。最初にそれがどのようなものかを説明し、つぎに解釈を行なってみよう。

東京のどこかの公園の小高い場所にいるとしよう。この公園のほど近くには、毎日文字通り何百万もの通勤客が利用する駅がある。公園の一角から駅まで一番近い道の途中に、神社があるのが見える。朝のラッシュアワーには、グレーのスーツ姿のビジネスマンが電車に乗るため公園を横切ってゆくのだが、その行動は興味深い。神社の境内を横切るのを避けて、ずいぶんと回り道する者がいる。近道のため境内を通る者もいるが、その多くは玉砂利が敷かれた場所になると走るのを止めてゆっくりと歩く。そして神社の外の草地に出るとまた駆け出すのだ。さらに、違う行動をする第三のグループがある。彼らは境内に入ると、スピードを落とすだけでなく社殿に向かい、手水鉢で手を洗い口をすすぐ。そして拝殿に近づき、柏手を打ち、手を合わせて恭々しく頭を下げ、境内から出てゆく。境内を出るや否や、また走り始める。

このように神社で足を止める人たちの経験について洞察を深めたいと思って、そうした行動をする人たちにいくつか質問をしてみたことがある。多くの場合、どんなやりとりになったか、以下を見てほしい。

「どうして神社で足を止めたんですか？」

「仕事に行く途中、たいていそうするんです」

「そうですか、でもなぜなんですか。神様への感謝や、お願い、懺悔のため、敬意を表するためでしょうか。良くないことが起こらないようにするためですか。目的は何だったんですか？」

「よくわからないですね。とくに何というわけでもないですよ」

「そうですか、じゃあ神社の前で手を合わせて立っていたとき、何て言いましたか。声に出したか出してないかは別にして」

「何も言いませんでしたよ」
「祭神になっている神様の名前は唱えましたか？」
「何ていう神様なのかよくわからないですね」

哲学者なら、こんなインタビューには我慢できないだろう。私の質問は、神道とは何か、神道は日本人に対してどんな精神的機能をもつのかということを、つかみそこねたものと映るのではないか。こうした質問に対する回答――あるいは言ってみれば、回答がないこと――から、日本について論じる人々の多くが、神道には真に宗教的なものなどないと結論づけてきた。つまりは、それが何であるかきちんと説明できなければ、存在しないことになってしまうだろうということだ。神道についての学問的な議論では、よく次のような言い方がされる。曰く、「神道は宗教ではなく、民間信仰と習俗の集合体である」、「民族的・文化的信条の伝統である」、さらには「ゆるやかに関連し合った迷信がセットになったものである」など。こうした発言を裏づける「客観的証拠」が必要なら、論者たちは大量の調査データをかき集めて、神道は少なくともふつうの意味からすると無宗教だという、自分たちの解説を証拠づけることができる。今度はこうした証拠を少し考察してみよう。

日本でも西洋でも、年鑑や百科事典に書かれていることだが、国勢調査やアンケートで信仰する宗教を尋ねられると、今でも日本人の九〇パーセント以上が「神道」を選ぶ。だが七〇から八〇パーセントほどは同時に「仏教」も選んでいる。そこから次のように結論できるのかもしれない。たいていの日本人が自分を神道信者であり仏教徒でもあると考えている以上、神道と仏教の一方あるいは両方が、少なくとも言葉の厳密な意味からすれば、全く「宗教」とはいえないのだ、と。日本について論じる人たちはこのように解釈し、たいていはこの二つのうちで宗教とみなせるのは仏教のほうだと考える(仏教は世界各地に存在し、教科書の「世界の宗教」一覧にも必ず入っている。経典解釈や注釈のゆるぎない伝統があり、創始者も歴史も明らかである。さらに一番重要かもしれないのは、仏教徒にインタビューしてみると、神道信者よりわかりやすいということだ)。このようなわけで、二つのうちで神道が「無宗教」だとされることとなる。

もちろん、日本人自体がまったく宗教的ではないという可能性も考えられる。この解釈に従うなら、仏教や神道が宗教であるのなら、日本人はそれらを「宗教的に」実践していないということだ。こうした主張には、やはり統計上の証拠がある。すでに一九五〇年代から、ユネスコが世界規模で実施してきたアンケート調査などでは、各国の人々に自分を「宗教的」だと思うかを尋ねてきた。こうしたアンケートで、大部分の日本人は一貫して「いいえ」と答えている。日本人が宗教的ではない証拠として、これ以上のものはない――なにしろ、日本人自身がいいえと回答しているのだから! しかし、アンケートの結果を額面通りに受け取る前に、日本語の「宗教」という語にかかわる問題を考慮する必要があるだろう。

こうした調査では、religion にあたる日本語として「宗教」という語が用いられている。この日本語の「宗教」という語の歴史と意味について、注意しておくべき点が二つある。まず、この語は古いものではない。『オックスフォード英語辞典』（OED）によれば英語の religion の用例が十三、四世紀までさかのぼるのに対して、日本語の「宗教」はだいたいのところ、十九世紀後半ごろに、西洋の概念を翻訳するために案出された新造語である。つまり、今から一世紀少し前までは、日本人にとって自分はある宗教に属していると言うことは文字通り不可能であった。〔西洋における religion〕の概念を表現したり考えたりするにあたって、決まった語は存在しなかったのだ。このことから考えられるのは、日本人が自分を「無宗教」だと言う場合、西洋人がそう言う場合と同じように見えて、実はその文脈が大きく異なっているということである。西洋人が自分を「無宗教」だと主張する場合には、自分が所属する文化の歴史のなかで大多数の人たちがとってきたやり方を自分はとらない、ということまでも含意している。だが、日本人が同じようなことを言う場合、その発言の重みは〔西洋人の場合と〕必ずしも同じではない。なぜなら、日本では「宗教」という概念は近代のものであり、伝統的ではないからである。

「宗教」という語に関する、第二の論点はその語源である。この語を作った十九世紀日本の知識人たちは、日本語には西洋語の religion という名詞に相当する一般的な語はないと考えたに違いない。しかしここに見られるのは、一種の文化的な不協和音である。十九世紀、あるいはさかのぼって（鎖国以前の）十六世紀であっても、日本に来た西洋人は、仏教、神道、さらに儒教さえも、キリスト教（加えてユダヤ教やイスラーム）と同じカテゴリーに属する宗教（religion）であると考えた。しかし、反対に日本から西洋を見た日本の知識人は、明らかに類似性を認めていない。それはなぜだろうか。

古代から日本人は（実際のところ東アジア人はおおむね）、われわれ西洋人が東アジアに存在する「宗教的伝統」と呼ぶものの多くが、基本的に似通っているという点を見逃していたわけではない。大体のところ、日本人はアジアのスピリチュアルな伝統を、語尾に「教」ないし「道」をつけた（通常、中国語から借りた）名称を与えることで一まとめにしている。通例、このような語尾の前には、そうした伝統の背後にあるスピリチュアルな発想をあらわす語がくる。こうして生まれたのが、「儒教」（＝儒学者＋教）、「仏道」（のちに「仏教」となる。＝仏陀＋道／教）、「道教」（＝宇宙の原理としての「道（dao）」＋教）といった呼び名である。「神道」という名称は「カミ」をあらわす漢字「神《しん》」と「道《とう》」からなっている。今日、キリスト教を指すのは「キリスト」と「教」の組み合わせである。

「仏道」「仏教」という二つの言い方に見られるように、「教」と「道」という語尾は互いに置き換えが可能である。しかし、その語源には違いがあり、「道」には実践、「教」には教理というニュアンスがある。そのため、日本では「武道」「茶道」「書道」などの例に見られるように、宗教同様、芸術や技芸にも「道」という語尾がつくことがある。西洋のreligionという語の訳語を意識的に作るにあたって、このような「教」と「道」とのニュアンスには関連がある。「宗教」という語で「教」を用いることから考えられるのは、西洋のreligionという概念は、実践より教義や信条についてのものだという印象を日本人がもっているということである。

それでは、「宗教」という語の前半、「宗」についてはどうか。「宗」という語が示唆するのは、共通の実践と教義をもつ、独立した宗教共同体である。実を言えば、「宗教」は全くの新造語というわけではなかった。ほぼ仏教だけに見られた用法ではあるが、「宗」という語には特定の宗派ないし学派の教義という限定的な意味があった。こうした語源にまつわる背景からすれば、日本語で誰かに「宗教的」かどうかと尋ねるのは、「宗派的」あるいは「教条的」かと尋ねているように聞こえてしまう可能性がある。このreligionを翻訳するにあたって、この「宗教」という新造語を考え出した学者たちは、(とりわけキリスト教宣教師たちを通じて)自分たちが出会ってきた、西洋の諸宗教の福音主義的で排他主義的な性格のことを考えていたのかもしれない。ちなみに、日本のキリスト教の排他主義は現在も続いている。日本人のなかで、自分の宗教を「キリスト教」だとする者は一パーセントだが、その大多数は、仏教や神道を信じる他の日本人とは違って、他の宗教も信じているると答えたりはしないのである。

だから要するに、国勢調査やアンケートで英語の religion にあたるものとして用いられる日本語の「宗教」という語がわかってくると、謎のいくつかは解ける。神道と仏教のどちらもがスピリチュアルな道と見えれば、日本人はその時々の目的に応じて、一方を選ぶことで満足するだろう。さらに、こういう道をたどることは、人々を一つの宗派だけに結びつける、排他的な教義体系とは関係がないのだろう。もしかすると、多くの日本人は、自分を「宗教的」ではないと言うことによって、宗派主義や排他性、教義の強調といったものをある程度否定しつつ、その一方でいまだにきわめて伝統的な神道のような種類のスピリチュアリティ——宗教的伝統を別々のものでなく重なり合ったものとして理解するという——を肯定しているのかもしれない。したがって、アンケート調査に回答した日本人が言いたいのは、(彼らの理解するような)キリスト教徒が「宗教的」であるのと同じようには、自分たちは「宗教的」ではない、ということではないだろうか。第五章では、現代日本人が自分を「無宗教」だと言いながら、自分のことを神道の信者だとする場合があるという、歴史的・政治的理由についても検討したいと思う。

「宗教」という語に絡《から》む、きわめて面倒な問題に足を取られずに日本人の「宗教性」を判断するには、アンケート調査でどう質問すればよいのだろうか。三十年前もの昔、私が大学院生だったころの話だが、授業でこの問題が取り上げられたとき、担当教授はふざけて、日本語で「過去十二か月のあいだに狐《きつね》を拝んだことがあるか」という意味の質問を、われわれ学生になげかけてきた。彼の推測では、おそらく日本人の九〇パーセントが「はい」と答えるだろうということだった。この教授が即興ながら熟考したことは、二つの点で興味深い。まず、彼が指摘したのは実践であって、教義の信仰ではないということ、つぎにこの実践は、仏教よりも神道と結びついたものであるということである。稲荷系の神社は日本中に分布している（「稲荷」という語が指すのは収穫のカミであり、そのカミの使いが狐である）。稲荷神社にはその鳥居のそばに象徴的に狐の像が置かれていて、多くの日本人が祭りや旅、巡礼などの折に参詣する。多くの人は例えば新年に、豊作その他さまざまな繁栄と健康を願って、〔ご神体の〕澄んだ鏡で一年を始める清めの儀式のために、神社に参詣するのである。このように、日本人は実のところは宗教的であって、そして少なくとも統計的には、とくに神道的傾向がはっきりあらわれている点が重要である。

「はじめに」では、実存的スピリチュアリティと本質主義的スピリチュアリティを区別したが、それをここでの議論にあてはめる前に簡単にふりかえっておこう。「実存的」なスピリチュアル・アイデンティティは、自らの価値観や思想、行動を分類ないしカテゴリー化する試みから生まれる。ある宗教的伝統に属する人々は、ある一定のやり方で行動し、考えるという傾向がある。態度や行動が基本的にその様式に適合していれば（必ずしも完全でなくても、家族が似ているようにであればよいのだが）、人々は自分をその宗教の一員であると考えるだろう。これに対し、「本質主義的」なスピリチュアル・アイデンティティは、自らの価値観や思想、行動が、自己の存在自体の奥底にある核となる特性を明らかにしているという、内的な感覚から生じるものである。自己に忠実であろうとするなら、さまざまなやり方で考え行動しなくてはならない。したがって、本質主義的なスピリチュアル・アイデンティティは、記述的というより規範的な傾向がある。自分の生活を（そしておそらくは集団内の他の人間の生活をも）、その宗教の一員として満たすべき基準という観点から評価するのである。それではつぎに、この区別を、通勤途中にインタビューしたビジネスマンにあてはめてみよう。

可能性が高いのは、このビジネスマンが宗教的アイデンティティについての調査票に記入することになれば、「神道」の欄にチェックを入れるだろう、ということである。なぜだろうか。（調査票の指示に促されて）回答を考えるとき、自分がほぼ毎日神社に立ち寄っていることを思い出すからだ。そこから次に思い出すのは、これまで経験してきた、その他の神道関連の行事（自分の結婚式で神職が祝詞《のりと》を奏上したことなど）だ。もし先週、兄弟の葬式があったこと（日本の葬式はふつう仏式である）や、家族の墓地が仏式でいつかは自分の遺灰もそこに埋葬されるだろうことをたまたま思い出すなら、このビジネスマンは調査票の「仏教」の欄にもチェックを入れることになるだろう。こうした反応が、実存的な神道的スピリチュアリティを構成するのである。つまり、この男性が自分自身を「神道」の信者だとするのは、自分がたまたまいつもやっていることのいくつかが、ふつう「神道」と呼ばれているからなのだ。

しかし、このビジネスマンの「神道」としてのアイデンティティが本質主義的なものだとしたら、彼がこれこれのことをやるのは彼が神道の信者だから、ということになる。この場合、彼が神社に立ち寄るのは、少なくとも誠実な神道信者になるために、しなくてはならないことだと感じるからだ。自分の宗教的アイデンティティを尋ねられても、返事は即答で、考え込んだりはしないだろう。実践すべき神道のしきたりに注意を払い、そのしきたりが教義の上でもつ意味を、おそらくある程度は理解しているだろうし、神道の価値観に従って生活していないと他人から思われないよう、気をつけるだろう。そんなことがあれば、彼が自分自身あるいは神道のどちらかに対して「誠実」ではないということになる。また彼が、自分を同時に「仏教」の信者でもあると回答する可能性もたぶん低いだろう。実生活の上では、仏式の葬儀や法要に参列することがあるかもしれないが、本質的には彼は神道の信者なのだ。

さらに可能性の高い解釈をしてみよう――つまり、このビジネスマンの神道的スピリチュアリティが本質主義的ではなく実存的なものだとしよう。もしわれわれが、彼はインタビューの質問への回答で本質主義的なスピリチュアリティを表明すると期待していたなら、彼の神社参詣は宗教的には皮相的で精神的な深みがないと感じて、その場を離れていたかもしれない。もし彼が本当に神道の信者なら、神道のしきたりについてもっと知識があり

（たとえば祭神の名前も知っていて）、自分の行動の論理的根拠をもっとはっきりと説明できるはずだと結論づけたかもしれない。しかし、こうした態度から明らかになるのは、このビジネスマンのスピリチュアルな体験というより、むしろわれわれの側が何を期待しているかということなのである。それではここで、本章ですでに論じた神道の経験的側面に立ち戻り、それを用いながらこの男性が神社で経験したことを解説してみよう。

神社がホログラフィー的入口であり、このビジネスマンの「こころ」が清浄であるなら（このことは口と手を洗い清めることによって象徴される）、この特定の神社に詣でることは、彼に神秘や力、畏れというもの全般とのつながりへと道を開くことになる。この場合、この特定の神社がどんなカミと関係しているかはさほど重要ではないし、それを知りさえしなくても驚くにはあたらない。〔ホログラフィー的〕入口の名前より重要なのは行き先、つまり、タマのただなかにあって、万物との活発な関係を経験する場へと導いているということなのである。この男性の関心は部分（この特定の神社とその祭神）にではなく、それが包含している全体にあるとも考えられるのだ。

すでに述べたように、このビジネスマンの行動は習慣的なものでもある。彼は通勤の途中にいつも立ち寄ると言っていた。こうした決まりきった行動をするのは、この男性が「伝統にただ無批判に従っている」からで、スピリチュアルな人物だからではないと感じる人もいるだろう。だが、そうして結論に飛びつくのはやめておこう。音楽の演奏を例にとると、毎日必ず練習することはふつう、熱心に打ち込んでいるしるしとされ、頭を使わない反復とみなされたりはしない。同じように、神社でスピリチュアルなつながりを感じる機会が多ければ多いほど、そうした感情が日常生活に持ち込まれることも多くなるし、カミに満たされた世界のことを考える機会が多いほど、あとでそれを無視する可能性は少なくなる。実際のところ、習慣的な実践によって感受性が鋭くなることは多い。ある種の音楽を聴き込むほど、それに対する理解や鑑賞は一層深まるし、思いがけず耳にしたときに「はまり込む」ことも容易になる。またその逆のことも言える。習慣化によって、物事があるべき状態にないことに気づくための条件が整うのだ。例えば、長年コンピューターを使って仕事をしていると、多くのユーザーはそれほど機械に詳しくない人でも、正常なコンピューターの動作についての感覚が発達する。たとえば、ある日コンピューターを起動して、ハードドライブの動作音が「異常」だと気づくということがありうる。不具合を起こしているのが、ハードウェアなのかソフトウェアなのかはわからなくても、問題があるということは感じ取れるのだ。正常さが内面化され、自分の習慣の一部になると、ひとは対応が必要な微妙なズレにすぐに気づくようになる。つまり、繰り返している習慣が感受性と反応性をはぐくむのである。

あのビジネスマンが神社の前に無言で立ち、軽く頭を下げ、胸の前で手を合わせている瞬間のことを考えてみよう。彼が言葉を発していないこと、意識して考えていないことから、何が言えるだろうか。彼が本当に宗教的なのだとしたら、祈っているべきなのではないか。むろん、その答えは「祈り」の意味を厳密にどう考えるかによる。もし、祈りが聖なるものに対する関係を言語化すること、あるいは聖なるものに語りかけることなのだとすれば、明らかにあの男性は祈ってはいない。しかし、祈りが聖なるものに自らを開放すること、聖なるものとの相互関係を認識することだと考えるなら、彼はたしかに祈っているのである。われわれはスピリチュアルな静謐さを、ときに黙想ないし瞑想であると考えることがある。もしかするとあの男性は、祈るというより黙想ないし瞑想をしていたのかもしれない。そうすると、今度は「黙想」や「瞑想」とはどういう意味かが問題になる。黙想や瞑想とは、何かについての黙想であり瞑想である、と考えるなら、このビジネスマンの場合にはうまく当てはまらない。黙想や瞑想についてのそうした理解は、対象が当事者の外部にあることを前提としている。だがすでに見たとおり、神道的スピリチュアリティにおいては、関連性はしばしば内在的なものであって、外在的ではない。聖なるものとは、外にあって焦点を当てられるものとしてではなく、その人間がすでにその一部分をなしているものとして、アプローチされるのである。黙想や瞑想とは、対象にアプローチすることではなく、すでに存在するものに自らを開放すること、あるいはそれに対して敏感であることだと考えることもできるだろう。この定義に従うなら、神社の前であのビジネスマンがとった行動には、黙想的ないし瞑想的なものがあると言ってよい。彼は、鏡のようにスピリチュアルな状況を映し出している（reflecting）のであって、状況に思いをめぐらせている（reflecting）のではない。したがって、言語化する必要はないのである。

経験それ自体が言語をともなわないものだとしても、あのビジネスマンが事実が起きたあとになっても、それを言葉で表現するのが難しいというのは、やはり奇妙かもしれない。ひとが自動車事故を目撃する場合、多分、見た瞬間にはその経験を言語化したりはしないだろう。だがきっと、あとになって警官に事故について尋ねられると、「自分の証言をする」ことができる。つまり、もともと言語によらずに経験したことを、あとで言語によって表現できるのである。これは、誰にでもあてはまることだ。ではなぜ、神社にいたこの神道信者の男性は、そこで起きたこと、していたことをはっきりと言い表せないのだろうか。もしかすると自動車事故の目撃の場合とは、重要な点で違いがあるのかもしれない。その代りの例として、何か創造的な仕事をなし終えたばかりの人のことを考えてみよう。その出来事のあと、インタビューでの答えは、神道信者のビジネスマンの場合と同様、不可解なものかもしれない。例えば詩人、音楽家、陶芸家といった人たちに、作品のインスピレーションがどこから来たかを尋ねるとしよう。きっかけとなった事情についての説明は、得られるかもしれない（「海岸に腰かけていると……」、「町で苦しんでいる子供を見て……」、あるいは「土をこねていると……」など）。だが、それはインスピレーションが生まれた背景の説明であって、インスピレーションそれ自体ではない。後者について聞き出そうとしても、せいぜい「なんとなく、とにかくアイディアが浮かんだんだよ」といったあいまいな答えしか得られないだろう。海岸での正確な位置、子供の苦しみについての詳細な医学的説明、あるいは陶土の化学的組成を聞き出したとしても、創造的体験の理解がそれほど深まるというわけでもないだろう。そうした質問はおそらく、神社の祭神の名を尋ねるのと同じで、背景についての情報を増やすことにはなっても、重大な出来事の特殊性をとらえることはできないだろう。

同じ分析を、例のビジネスマンがなぜ自分が神社に立ち寄ったか、きちんと説明できなかったのかということにも適用できる。自分の目的が、感謝、祈願、許し、立ち寄らないと悪いことが起こるのではないかという恐れ、神への賛美、これらのうちのどれにあたるのか、彼は明言することができなかった。キリスト教の教会で十字架や祭壇、聖像の前で祈っている人を見かけた場合、インタビューすれば、祈りの目的が何かを教えてくれるだろうと考えられる。むろん、神社に行く人のなかにはそうした具体的な目的がある人もいるだろう。しかし、あのビジネスマンの場合はそうではないのだ。具体的な動機のない宗教的実践というものを、どう理解すればよいのだろうか。この問題を検討するには、教会で祈っているクリスチャンとは別の比較対象が必要になる。つぎのような例を考えてみよう。私は夏の夕方に散歩をしている。近所を歩いていると、友人宅のキッチンに明かりがついているのに気づき、友人が食後のコーヒーを飲みながら新聞を読んでいるのが目に入る。彼もたまたま窓越しに私を見て、やあと手を振ってくる。私は立ち止まって手を振り返し、立ち寄ることにする。コーヒーを入れてもらい、しばらく雑談をしたあと、席を立ち、また散歩に戻る。友人の家を出ると、近隣住民の行動調査をやっている元気のいい大学生が追いかけてきて、私にいくつか質問をしてくる。なぜご近所の方の家に寄られたのですか。何かを頼むためだったのですか。何か謝るためだったのですか。何か感謝することがあったのですか。あの方と問題があって、それを解決するためだったのですか。彼を励ます必要があると思ったからですか。こうした説明は、どれも当てはまりそうにない。私は近所を歩いていて、友人が家にいるのを目にし、立ち寄っただけだ。とくに目的はなかった。行ってよかったと思う。自分の家のようにくつろげる。彼と友達で本当によかったと思うし、彼とはいい時間が過ごせる。

この考えを、例の神社にいたビジネスマンに当てはめてみると、彼に見られるのは〈行動の〉指針を伴わないスピリチュアリティであると言えるだろう。親密な関係を築く方法とは、時間を共にする機会を見つけることだ。親が子どもと「大切な時間」を過ごすという場合、全ての行動——一緒にゲームをする、旅行に行く、話をする、映画に行く——にはっきりと定義された目標がなくてはならない、というわけではない。とはいえ、そうした活動は全体として、親密なつながりの感覚をはぐくむことを目的としているのである。あの男性が神社に参拝する際、同じことが起きているのだとしたら、彼にはわれわれの質問が奇妙なものに感じられ、即答できないのも不思議ではない。われわれが質問で尋ねているのは、彼のスピリチュアルな指針である。しかし、われわれが質問したやり方での質問の一つ一つに対して、彼にはそういった明確な指針がないのだ。こうしたスピリチュアリティは、救済や赦し、悟り、あるいは解脱といったものにはっきりと重点を置いてはいないので、旧世代の研究者たちは神道を、「原始的」で「未発達」なもの、教義と原理を欠いた「部族中心主義」、世界各地の古代人に見られる文字以前・理性以前の意識を思わせる「原始的」行動とみなしたのである。一見すると、神道は特異なものに映るかもしれないが、実際は他の宗教とそれほど異なるものではないということを、最終章で論じたいと思う。だが、神道は独自の文化的・歴史的文脈があることで、他の宗教や、またなにより多くの学術的な宗教研究でしばしば軽視されてきたスピリチュアリティの側面を前面に置いている。神道について学ぶことで、われわれは神道から学びとることもできるのである。

このように神道的スピリチュアリティの経験としての姿を概観したところで、つぎに日本文化のなかで日常生活において実践されている神道的スピリチュアリティの詳細を考察することにしよう。神道が強調するのはどのような価値観なのか。どんなときに日本人はこうした価値観を明らかに神道的だと意識するのか、そしてそれが意識下のレベルで働くのはいつなのか。日常のどんな出来事をつうじて、日本人は自分を神道信者だと感じるのか。こうした考察を通じてわれわれは、鳥居という全体を反映するホログラフィー的入口から、日本の文化生活の詳細な項目へと、歩みを進めることになる。

# 第二章　日常のなかの関連性

第一章では、神道的スピリチュアリティを一般的な経験の形で分析してきたが、その目的は本書のこれからの議論に出てくる用語法と概念的な枠組みをはっきりさせることにあった。第一章では現象学的な描写をおこなうにあたって一人称を用いることがあったが、それには二つの理由がある。第一の目的は、神道的スピリチュアリティをふつうに経験することには、多くの人にとって経験からかけ離れすぎて理解できないようなものはない、ということを示すことであった。第一章で論じたようなスピリチュアリティは、風変り、異質、あるいは極端に単純なものである必要はない。第二に、一人称による挿話で説明したのは、たとえ日本人でなくても、日本の伝統にある程度は関わりうるということである。この点が重要なのは、解説の多くが神道を「日本の」宗教であるとしているからだ。もちろんそれは多くの点で正しい。自分を神道信者だという人は、ほとんどすべて日本人である。また日本人のほぼすべてが、自分は何らかの形で神道に属していると考えている。神道は大陸アジアから直接移入されたものではなく、日本の文化的・地理的文脈のなかでその特徴を発達させてきた。要するに、神道が日本人による、日本人からなる宗教であることは明らかである。それでは、神道で強調されるようなスピリチュアリティは、日本人だけのものだということになるのだろうか。さしあたってこの問題は保留しておき、本書の最後で再び取り上げることにしたい。

しかし、神道がほぼ日本でのみ実践されている宗教であるという事実からは、日本人の日常生活のなかでの神道のあり方を検討することが極めて重要となる。神道にどれほどスピリチュアリティ一般に通じる性格があるとしても、神道独自の詳細な特徴も理解しておく必要がある。そうした細部をつうじてわれわれは、神道をはぐくみ、また神道にはぐくまれてきた日本文化をより深く理解することができるのだ。日本人の日常生活のなかで神道のスピリチュアルな価値観がどのように機能しているかを考察するにあたっては、一般的なスピリチュアリティのつぎのような二つの異なる側面を考えることが役に立つだろう。これらは、日常的に実践されているおそらくすべての宗教的伝統のなかに存在するものだ。一つ目の側面に含まれる生活の領域においては、神道は目に見えないかたちで、考え方や話し方、行動の仕方と共鳴し合っている。この領域のなかで、スピリチュアリティはおおむね「第二の天性」として機能する。人々には、特別なことをしているという自覚はない。言ってみれば、彼らはこれまで考え、話し、行なってきたとおりのことを考え、言い、しているのである。それは、彼らの日常生活を織り上げる経糸《たて》と緯糸《よこ》なのだ。しかし、日常生活のなかでのスピリチュアリティの第二の側面は、はっきりとした特別さの感覚、あるいは少なくとも自覚的に「伝統的」であるとあらためて意識される――つまり（正月や地域の祭りのような）暦の上での祝祭日を守ること、（結婚式や七五三などの）人生の節目となる行事に参加すること、あるいは（有名な神社のような）特別な場所を旅することである。本章で考察するのは、日常のなかの神道的スピリチュアリティがもつこうした二つの側面である。では最初に、大部分の日本人にとって第二の本性となっている神道的価値観をとりあげよう。

### ホログラフィー的入口としてのコメ

イエス・キリストが弟子に祈りを教えたとき、彼が乞うたのは「日用のパン」だった。今日多くの人々は、イエスが「パン」という語を用いて「食べ物」一般を指したと解釈している。この解釈はおそらく間違いではないだろうが、もとの文化的文脈から失われた部分がある。弟子たちとの最後の晩餐で、イエスはパンを指して自らの身体であるとした。それ以来、キリスト教徒にとって「ともにパンを裂くこと」は、人と神、そして人と人とを結びつける根源的な儀式でありつづけてきた。イエスにとって、また彼と時代と文化を同じくした人々にとって、パンは栄養を得るための基本的な食物であり、食事をともにするにあたって中心となる存在だった。より世俗的なレベルで言えば、今日の熟語表現からも、アメリカ文化でパン（bread）がもつ基本的な意味がうかがえる。俗語でbreadはお金の意味にもなるが、これはお金をパン生地（dough）に例えることからきたものだろう。基本中の基本であることは「パンとバター（bread and butter）」と呼ばれるし、政治の現実に注意を怠らない人は「パンのどこにバターが付いているか」を知っていると言われる。また胃袋は「パンかご（breadbasket）」とも呼ばれる。パンは「命の糧」なのだ。しかしスピリチュアルな立場から、イエスは人々に、ひとは「パンのみにて生きるのではない」と言い聞かせてもいる。キリスト教徒にとってパンは、スピリチュアルに注入されることではじめて「イエスの身体」、つまりキリスト教徒としての生活の一部と同じものになりうるのである。

これと同じ機能を、日本を含めたアジア各地で果たしているのがコメである。それを説明するために挿話を一つ紹介しよう。三十年前、ハワイ大学にあるイースト・ウエスト・センターの大学院生だったとき、私はいつもセンターの食堂で昼食をとっていた。毎日、仲間の学生達と一緒に食べたのだが、その出身地は合衆国だけでなくアジアや太平洋地域とさまざまだった。食事中の会話では、政治や経済、宗教、デートまでもが話題になった。どんなに意見が対立しても、議論自体はいつもとても礼儀正しかった。でもたった一度だけ、殴り合いのけんかになるかと思ったことがある。そのときの話題というのが、コメの正しい調理法と食べ方だったのだ。コメに関する違い、つまりその栽培方法（田んぼで作るか、畑で作るか）、加工の方法（精米するか、玄米のままか）、調理法（炊くか、炒めるか）、食べ方（フォークあるいは箸を使うか、パンですくうか）は、アジアの諸文化間の違いとして典型的なものである。この経験から導き出せるのは、コメが日本人のもつさまざまな価値観、とりわけ神道的スピリチュアリティにかかわる価値観へのホログラフィー的入口として機能しうるということである。

日本人は、茶を禅仏教と関係づけるかもしれないが、コメが神道の範ちゅうにあることは明らかだ。宮中祭祀の一つとして天皇はその年最初の稲の苗を植え、また別の祭祀ではその年に収穫した最初の米粒を食べる。神社に高く積み上げられた酒樽は（ふつう象徴的に）寄進者からの贈り物をあらわす。神道の祭壇ではコメと酒がカミに対するもっとも一般的な供え物である。第一章で論じた聖なる縄、つまり注連縄《しめなわ》は、ふつう稲藁で作られる。神道とコメにはきわめて密接な儀式上のつながりがあるので、日本文化への入口として、コメには一般的に神道と関連する価値観が伴ってもいることは別に不思議ではない。したがって日本人の日常生活のなかでのコメの役割をより詳しく検討してみよう。

日本語のなかで「食事（meal）」にあたる語としてよく用いられるのが「ご飯」であり、それは「調理されたコメ」を意味している。「命の糧」と呼べるのはパンではなくコメなのである。粒のままで食べられるほかに、粉にひかれてクラッカーや麵、餅にも加工される。日本の歴史のなかでコメは長い間、課税や財整の為替の単位〔租《そ》や石《こく》のこと〕として用いられた。日本人のほとんどにとって、コメは深い民族的な意味を持っている。それは政府が米作に多大な補助をおこなっていることからもわかる。たしかに日本は、たとえば日本食にとってコメに次ぐ主食品である大豆を輸入している。しかし、日本がそのコメの消費を自身でまかなえないとしたら、不都合が生じることになるだろう。そういうわけで、大都市を結ぶ新幹線は猛スピードで小さな谷をつぎつぎに通り過ぎてゆくが、そのどの谷にも集落があり、それを取り囲む海のような田んぼがあるのだ。補助金や高い輸入関税なしでは、そうした小さな村々は今日の日本経済のなかで生き残ってゆけないだろう。田んぼでのイネ栽培は日本の風景の一部として切り離せないものであり、多くの日本人にとって田んぼなしでは日本が日本でなくなるだろう。

日本人はコメを養殖真珠のような白い輝きが出るまで磨き上げる。調理の際、料理人は米粒の表面の粘着物質をある程度は残すように気をつけるのだが、これは炊いたときに粘り気が保たれるようにするためである。どの米粒も少なくともほかの米粒とくっついており、そうしてさらに他の米粒を介することですべての米粒とくっついているのである。伝統的な食事ではふつう、コメ〔ご飯〕は専用の茶碗で供される。他の食べ物に触れて混ざったりしないようするためで、茶碗のデザインには抑え目の上品さや質素さがある。ご飯が他の食べ物と混ざるときでも、多くの場合、その下に層をなすことで独自性を保つ。その例は、各種の丼物や握り寿司に見られる。ご飯を野菜や肉類と炒め合わせた料理は、ふつう伝統的日本料理ではなく、日本化した中華料理の一種とされる。日本人はご飯を食べるとき、よく使い捨て（つまり未使用）の木の箸を用いる。この箸は概して、くっついたままで出され、食事をする人自身が（人にやってもらうのではなく）割って二本にするのだ。それはまるで、木の二本の小枝で道具を作り出すかのようだ。もっとも一般的な使い捨ての箸は短めで、（中国の箸でよくみられるように）角を丸めてはおらず、四角いままにしてある。日本の箸は中国のものより質素であり、小さいものや滑りやすいものをつかむのに適している。

伝統的な日本食に付き物なのがサケ（酒）、つまりコメから作った醸造酒《ワイン》である。もっぱら体温より少し高めに温めて供されるが、温かい酒がのどを通ると、アルコールの働きでたちまち飲み手の「気分が良くなる」。このぐらいの温度がアルコールの吸収にもっとも効果的だということだ。中華料理とは違い、伝統的日本料理のメインコースの多くは、家族で取り分けるのではなく、一人ずつに出される。しかし多くの場合、お櫃《ひつ》や徳利は卓上に置かれ、必要に応じてそれぞれに配膳される。つまり、食事のうちでもっとも皆と共有しあう部分は、コメと、コメからできるものにあるということなのだ。

さらに場所が伝統的な日本間なら、食事をする者は畳敷きの床《ゆか》に座っている。畳の表面は編んだイグサだが、なかの詰め物はふつうイネを収穫した後に残る藁でできている。清潔さを保つため、人々は部屋に入る前に履物《はきもの》を脱ぐのだが、畳のおかげで部屋にはなんとなく質朴さを感じさせる匂いがしている。伝統的な日本料理店なら、その日のおすすめの料理が達筆な筆文字で和紙に書かれていることだろう。ところで、茶碗によそったご飯にまっすぐ箸を立てると亡くなった人への供え物という意味になるので、食事中にそんなことをしないよう気を付けねばならない。もしすれば食事をしている人のうちに死人がいる、あるいは死にかけている人がいるということになってしまう。日本のヤクザ映画なら、そうした行為はちょうど、アル・カポネが誰かの眼を見据えて「俺は死人に話してるんだ（お前の命はもうない）」と言うのと同じ意味をもつことになる――表現の調子《トーン》として、友達同士の静かな食事に最適なものではないだろう。

ロマン派の詩人ウィリアム・ブレイクは、砂粒一つのなかに世界が見えると主張した。日本では、コメにホログラフィー的機能があることを考えると、一つの米粒から神道の世界について、すくなくともなにがしかのことがわかるのではないか。ここまでの説明で、神道にはさまざまなテーマがあることを明らかにしてきた。つまり、自然さ、素朴さ、清らかさとタブー、清め、固別性と共同体的連帯、そして酩酊である。ここに挙げた伝統的な神道的価値観について、以下順に、検討を加えてゆこう。

## 自然さ

自然さは神道について真剣に論じられる場合、ほとんどつねに重要なテーマとなっている——それは当然のことだ。伝統的な鳥居や神社の多くが塗装されていない木（白木）でつくられている（もともと塗装されていたのが剝げ落ち、その方がいいとして剝げたままにされている場合もある）。地面に何かが敷かれているとしても、ふつうは白い砂利だけだ。ただ参拝者が足を取られないように、舗装された歩道が設けられていることもある。神社の多くには装飾がほとんどない（ただし見過ごせない例外も多い——そのうちで最大のものは徳川将軍家が日光に築いた壮麗な家廟、日光東照宮だろう）。

「自然さ」は、日本人にとっておおむね二つの意味があると言える。一つは人間と自然との親密なつながりであり、もう一つはものごとを自然なものにさせる洗練された能力である。最初の意味はかなり明白で、そのもとになっているのは、カミが自然界の奥深くにあって切り離せない一部となっているという考えである。前章で論じたように、自然の事物や出来事はしばしば畏れを喚起する。自然の事物は、タマが凝集したホログラフィー的入口を指し示しているのかもしれないが、神道からすれば、結局のところそこからわかるのはすべての自然がカミであるということにすぎない。しかし、自然さの二番目の意味について、人間の技術は自然ではないのが当たり前だと考える西洋人読者には、驚きを覚える人がいるかもしれない。しかし、神道にならって人間を自然から区別されたものではなくその一部と考えるなら、人間の創造力さえもが自然でありうる。すくなくとも、本物のマインドフルな心をもって遂行された場合はそうなのだ。

例として、先ほどの伝統的食事の描写にあった、畳敷きの床について考えてみよう。明らかに、畳は自然には存在しないという点で自然とはいえない。その意味では、土間や藁敷きの床のほうが畳敷きよりも自然である。畳は人の手で作らなくてはならない。しかしその目的は、イグサの自然な匂いや見た目、手触りを家に持ち込むことにある。畳には畳表としてイグサを織ったカバーが被せられているので、むき出しの状態より藁は長持ちし、掃除も可能になる。それでも藁の感覚の大半は残るのだ。割り箸も、こうした自然さを示している。多くの鳥居同様、飾りもなく、荒削りのままにされている。割り箸を割るときの、ぱきっという音が強調するのはこの点だ。機械で加工されているけれども、箸は食べ物に触れる前に人に触れられる必要があるのだ。

説明のなかでとりあげた、伝統的な和食にあるご飯もまた飾りがなく、調味料や香辛料など加えられていない。たとえ話を引いてみよう。和食と中華、二人の料理人が自分の腕前を自慢している。中華の料理人はソースの作り方、香辛料の使い方、食感の調整にかけて才能があると自慢し、自分なら鶏をダックの味にできると主張する。和食の料理人はそれに対して、自分はニンジンを、どんな人が食べたどんなニンジンよりニンジンらしい味にしてみせると言い返す。この和食の料理人が体現しているのは、「ものを自然にさせる」という美徳である。すなわち、この種の自然さで重要なのは、ものに手を付けないのではなく、その自然の状態からなにかを引き出すということなのだ。鳥居や神社を白木のままにしておくことで木目――もとの木の自然な生のパターン――が見えるようになる。加工されたもののなかで自然さを示すことが際立たせるのは、自然と人間が共有する「こころ」なのである。

## 素朴さ

基本的な価値の一つである素朴さは、神道が重視する自然さに連なっている。神職と巫《み》女《こ》は白い服装をし、僧侶の服装に見られるような装飾品はほとんど身につけていない。さらに、神社自体は一般に仏教寺院に見られるような手の込んだ芸術的表現（絵画や彫刻、彫像、金箔装飾）を欠いている。神社によっては、祭壇に人工物が一つもない、鏡さえも置かれていないところがある。実のところ、多くの神社では、参拝者は本殿のなかには立ち入らず、代わりに本殿正面外側の入口に立つ。さらにこの屋外区域には、仏教寺院でよく見られる庭がないのがふつうである。神社の自然環境は手入れをされることがありうるが、その造園方法には「日本庭園」と関連するような計画的なデザインは見られないのがふつうである。

日本人の日常生活の一部としてコメを説明するなかでふれたように、「自然な」もののほとんどは同時に簡素でもある。ご飯は風味づけられておらず、箸には飾りがなく、茶椀も素朴なものだ。何かを自然にする最良の方法は、それを素朴なままにしておくことだ。ここに見られる思想とは、自然なものは素材と加工者の素朴さを通じて表現されるということである。素朴さが重んじられれば、自然なものは料理人や陶工、あるいは箸職人の手を通してあらわれうる。その人の「まことのこころ」だけが自我意識にとらわれずに自らを現し、自然とともに創造するのである。ただの陶土が何かを物語るとしても、その声はとても低く小さいので、マインドフルな心をもつ陶工がそれをわれわれに聞こえるように増幅するのだ。

多くの論者は、日本人が自然さと簡潔さを重視することを、神道ではなく禅仏教に結びつけている。鈴木大拙の『禅と日本文化』などの著書を通して、こうした見方は西洋だけでなく日本にも広がった。大拙が言うとおり、日本と結びつけられる多くの芸術が禅仏教と緊密な関係をもっている。その例が茶道であり、茶道に付随する生け花や書道、詩歌、作庭、陶芸などの様々なしつらえである。大拙は、こうした芸術が発達し制度化されるにあたって、禅が果たした歴史的意義を正確に描き出している。しかし、彼がそれ以上の意味を込めていることもあるようだ――つまり、禅仏教が素朴さと自然さの美学を日本に移入したというのである。この主張は、意図的であるとしたら、間違いである。

　素朴さと自然さは日本文化の一部であったし、十三世紀に禅が登場する何世紀も前から神道の習俗のなかで表現されていた。伊勢神宮をはじめ多くの神社に見られる壮大な素朴さは、その明らかな例である。禅が日本の芸術とのつながりを通して盛んになったのは、禅が日本文化にとって全く新しいものを導入したというより、古くからあるものと響き合ったためなのである。例えば、茶道で用いられる茶碗の多くに見られる、いわゆる禅的な素朴さは、弥生時代の素焼陶器にまでさかのぼるものだとも考えられる。弥生時代は日本で禅宗が広まり、茶の栽培が始まる千年も前である。

　したがってこれにならえば、禅の美学は平安朝の優雅さの美学に先立って存在した素朴さへの回帰だと言うこともできるだろう。宮廷的優雅さは平安時代（七九四～一一八五年）の貴族のあいだで支配的なものだったが、それが反映しているのは神道ではなくむしろ、中国からもたらされた高尚な芸術であり、そのなかには密教に由来する芸術も含まれる。しかし、禅が花開くまでには、貴族階級は弱体化していった。禅が結び付いたのは、平安時代よりも単純で垢抜けていない、時に田舎風でさえある生活様式へ回帰しようとする鎌倉時代（一一八五～一三三三年）の傾向である。こうした美学は新たな政治的リーダーたちの武士的精神にうまく合致したが、彼らの多くは文化の中心地である京都から遠く隔たっ

**写真４　伊勢神宮の内宮・外幣殿**　この建物は古神宝類を収蔵するためのもので、簡素さと素朴さという神道的価値観をよく体現している。

た辺境地域の出身であった。このような過程を経て、禅の価値観や実践は、十三世紀から十六世紀にかけての美学の発展において中心的役割を果たしたのである。

禅と神道の美学的な関係を説明するにあたって、能を例として用いることができるだろう。能（英語ではNōとNohと両方の表記があり、後者が一般的）は日本の伝統劇で、木製の面、荘重な謡、精確に振付けられたゆっくりとした動作、がらんとした舞台設計、幽霊や英雄の登場する筋書で知られている。世阿弥（一三六三〜一四四三年）のような改革者によって、能は十四、十五世紀に様式化・制度化され、民俗芸術からきわめて精妙な美的高みへと至った。世阿弥は演者を訓練するにあたって、禅仏教の修行や精神的向上を目指す教義に大きく依拠している。そうすることで世阿弥は、演技と観衆による鑑賞の双方についての独自の理論を作り上げたのである。こういうわけで、能と禅仏教のかかわりは当然強調しておかねばならない。

だが、能と神道の関係も見過ごせない。まず、能の演目がよく扱う題材としてカミがあり、動物の霊と人間とのあいだの変化や、亡霊とこの世の出来事との相互作用がある。このような題材は禅仏教だけでなく、宗派は何であれ、おそらく仏教が日本に伝来する以前から存在したものである。能にはしばしば、カミガミで満ち、タマによって力を与えられた世界が登場する。たしかに、多くの能では演目に仏教的題材や価値観が組み込まれているが、それが反映しているのは、中世においてきわめて支配的だった仏教と神道の習合した姿である(四章を参照)。しかし、能と神道の明白な関係を示しているのは演目だけではない。日本人の観客にとって能の上演は、神道の儀礼とともに、仏教の儀礼をも連想させるのである。能舞台の中心部である本舞台は、神社の社殿に似ているし、屋外に設けられた能舞台は多くが神社にある。屋内の場合でも、舞台と見所《けんしょ》とのあいだには小石の敷かれた小さな空濠〔白州《しらす》〕があるが、その小石は神社の境内に敷かれた玉砂利とよく似ている。能の所作のなかには神聖な踊りに起源をもつものがあるが、その多くは古代の神道とのつながりがある。能の音楽も、歴史的にこのような古代日本の祭儀での踊りと関係している。

能の音楽に明らかに似たものの例としては、古代の宮廷音楽〔雅楽〕があげられるだろうが、それは今日でも京都で毎夏おこなわれる、祇園祭などの神道の祭礼で聞くことができる。こうした理由から、能は——日本の芸術のなかでもっとも洗練されたものだが——日本人の観客の経験のなかで、しばしば禅と同時に神道も連想させるものとなっているのである。

ここでまとめると、日本のもっとも知られた芸術のほとんどが、禅仏教のおかげで花開いたというのは事実である。またこうした芸術の発展が、禅の修行や精神的修養の理想と密接に関係していることもまた事実である。しかし、禅が素朴さと自然さに対する全く新しい美的感受性をもたらしたというのは真実ではない。むしろ、のちの時代に禅仏教を受容するための文化的な基礎を確立するにあたって、決定的な役割を果たしたのは、古くから続く神道的価値観だったのである。

## 清らかさとタブー

コメの分析のなかでは、清らかさとタブーという二つの要素についても強調しておいた。清潔さは、自然さと素朴さの双方を明らかに補完する価値である。すでに見たように、清潔さが重視される例としては、コメ（ご飯）の白さ、真っさらな箸の使用、ご飯が他の食べ物と混ぜられないこと、そして畳敷きの床に上がる前には履き物を脱ぐことなどがあった。タブーとなる行為として、家族で食事をするときに茶碗のご飯に箸を突き立てないことをあげた。禁じられた行為がもたらすのは、不浄、汚染ないし冒瀆《ぼうとく》、すなわちツミである。ツミ（より儀礼的な語をもちいるならケガレ）は、清められねばならない不快なものを意味する。カミに対するふるまい方を誤まった場合、聖なるものと人間的なものがつながりないし重なり合う地点それ自体が汚染されるのだ。

西洋における罪〔sin〕の観念には、たいてい意図が含まれる。罪はふつう、偶然のものではない。これと対照的に、神道におけるケガレの観念は、タブー文化での観念に似ている──すなわち接触それ自体が汚染の要素であって、接触した人が違反行為を知っていたか否か、行為が意図的だったか否かは関係ない。第一章では、内在的関係を説明するため海水中の塩という比喩を用い、海水が淡水と混ざった場合、塩辛さは全体に行きわたると述べた。よい例として、お手植えの木を通して天皇のタマが広がるように、よくないものと接触するだけで、純粋でマインドフルな心が汚染されることがありうる。前章で用いた象徴的な言い方をすれば、鏡のようなマインドフルな心が（それ自身の過失ではおそらくないのに）汚され、カミに満たされた世界を映すことができなくなるのだ。物事はまさにこの時点から先には進まなくなる──唯一の解決策は、汚染ないしケガレを消し去るための清めの儀式である。だが清めの儀式それ自体に話を進める前に、ケガレがどのようなものであるかを詳しく考察しておこう。そのなかで、神道でのケガレの扱いとタブーに基づく宗教に見られる行為とのあいだに、さらに類似点が見出だせることになるだろう。

神道での重要なタブーの一つが、死者との接触である。八世紀以前の日本では、天皇や皇后が死ぬと宮殿を建て替えるのがふつうであった。先代の君主の死は大きなケガレであると考えられたので、後継者は一からの出直しを望んだのである。血液は生命の運び手とも言えようが、けがや病気で、あるいは月経であっても、体から流れ出た場合にはケガレた物質となる。そのため血にまつわるタブーを破った場合は清めが必要になる。近代以前の日本では、たとえば生理中の女性は神社の境内に立ち入ることができず、生理期間が終わった後の女性が行う清めの儀式があった。こうした儀式は〔神事を執り行う役目の女性を除き〕今日めったに行われないものの、タブーは厳密にいうと残っている。実際神道のしきたりでは、新生児が生後初めて神社に参拝〔宮参り〕するとき、母親は出産の際に出血しケガレたばかりだという理由で同伴することができないことになっている。このように、宮参りから母親が排除されることは今日ではもはや一般的ではないが、その理由は人々が禁忌を無視しているということであって、神道の公式な見解が見直されたわけではない。

まとめると、死や月経がケガレ、つまりツミの例であるとすると、ツミがsin〔罪悪〕、crime〔犯罪〕、さらにはoffense〔違反〕と一般に訳されることが、どれほど間違いであるかがわかる。死や月経は意図的行為ではないし、実際のところ避けることさえできない。ツミとは道徳的な悪行のことだという判断はなく、したがって、それを消し去るのに赦しを得るという問題は含まれていないのである。神道で強調されるのは純粋さであるので、ツミに対する関心はもっぱら精神的清浄さの――「こころ」の鏡から埃を祓い落とすという――問題なのである。

死と血のタブーは、神道がどれほど強く生命とその過程に焦点をおいているかということも示している。日本人は神道信者として生まれ、仏教徒として死ぬとよく言われる。仏教と神道の関係については後の章でくわしく論じるが、ここで強調しておきたいのは、神道が生命、つまり豊饒、身体の健康、創造、潤沢さと強く結びついているということである。したがって神道のタブーはその反対――すなわち死――と結びつくことが多い。タマは生命を決定づけるエネルギーであって、死の際に身体を離れるが、血液の流出もそれに関連づけられる。事実、死と血液の結びつきは大変強固なものであるので、ほとんどの日本映画ではいまだに人が死ぬ場面で、本当の死因に関係なく口から血が滴るさまを描いている。体から血液が流れ出ることは、生命のエネルギーが出てゆくことを意味するのだ。

神道における生命の肯定について考えてきたが、ここでもう一つ、神道の文脈で登場することのある語について記しておきたい。それは「気」(生命の力《フォース》)である。この語は中国で長い歴史をもっており(発音は異なるが)、日本語における気の概念はその大部分が確実に中国由来のものである。中国でも日本でも、気の意味はきわめて複雑であり、ここではその上っ面に触れることさえ難しい。おしなべて言えば、気は精神的でもあり、物質的でもある。自然のなかにある力でもあり、人間のなかにあって生命を与える力でもある。物質に存するエネルギーであって、さまざまなかたちで息(あるいは大気)と電気の双方と関連しており、中国医学でも自然諸科学でも利用されている。気にかかわる実践で目標とされるのは、まず気の存在を自己の内部と外部の両方において認識し、ついでそれを働かせることである(なお映画『スター・ウォーズ』のなかの「フォース」は、気の思想にもとづいていると言われている)。

ここで興味深いのは、気の概念が神道の言説に登場することがあり、それが近代において顕著だということである。登場した場合、気は生命と、身体・精神両方の健康とに関係している。この点で気は、伝統的な神道の「タマ」の思想と区別がつきにくい。十九、二十世紀に生まれた神道系の「新宗教」には、教義や実践に気の概念が明らかに含まれているものがある。この語はまた、日本の武道の言説のいたるところにも見られる。事実、日本独特の武道である合気道(気を互いに調和させる道の意)の創立者植芝盛平《うえしばもりへい》(一八八三〜一九六九年)は、こうした新宗教の一つ、大本教《おおもときょう》の信者であった。植芝は、自らの技の源はカミから伝えられたものだと説明した。弟子のために彼が考案した修行には、神道に関連した歌や清めの儀式が含まれている。

最後に、前述したコメについての議論を考慮に入れると、「気」という漢字はコメをあらわす漢字〔米〕と関係している。具体的に言うと、気の正字〔氣〕は蒸気をあらわす漢字〔气〕とコメをあらわす漢字〔米〕との組み合わせからできているのである（すべての専門家がこの古くからの民間語源説を認めているわけではないが、この点には誰でも気づくはずだ）。このように少なくとも文字レベルでは、気は炊いたコメから立ちのぼる蒸気と関わりがある。日本のコメを炊いたことのある人ならわかるが、立ちのぼる湯気はたんなる水蒸気ではない。乾くとねばねばしたものが残るのは、この湯気にはほとんど目には見えないほどのコメのグルテンが大量に含まれていることの証拠である。この比喩で考えるなら、気とは目に見えない生命力で、大気に充満してそれに活力を与える。伝統的なタマの観念と外来の気の概念のいずれもが普遍的でスピリチュアル／物質的な力とつながっていることからすると、この両者が結びつきうることは容易に想像できる。

## 清め

汚染に対してとるべき対応は、清めである。神道の清めの儀式には、たいてい水、塩、火が含まれる。この三つのなかでもっとも広く用いられるのが水である。日本では、水は天から直接、あるいは山からふもとの村々へと流れ下る川から得られる。天と山はいずれも、カミのいる場所とされるのだから、カミと水を結びつけるのはもっともなことだ。第一章で典型的な神社参拝を分析した際、参拝者が神社の正面に進む前に、水桶の水で身を清めることに触れた。しかし水を使った清めの行為でもっとも劇的なのが「禊《みそぎ》」と呼ばれる儀式である。山道を歩いていると、人目につきにくい滝でこの儀式が行われているのを目撃することがある。簡易なものから複雑なものまで、禊の種類はさまざまだが、その基本的なやり方はシンプルである。禊をおこなう人はふつう白装束で、神聖な小滝の滝壺に入る。修行者は水を頭に浴びながら滝の下に立ち、決められた祝詞を唱える。聖なる水のタマと祈りの言霊によって、その人のケガレは洗い流されるのである。

のちほど第四章で見るように、仏教と一緒になったことは神道の発展にとって重要であり、両者の区別があいまいな習俗も多い。水による清めに関するよい例が京都市東部の清水寺（清らかな水の寺、の意）にある。この寺が観光客によく知られているのは、東山の山腹から突き出した舞台があるためだろう。本堂は巨大な木の脚柱の上に建っており、それが本堂を急な斜面の上で支えているので、この寺からは眼下に広がる京都の街のすばらしい眺めが楽しめる。しかし寺の名前から推測できるとおり、もともと古代においてこの場所が選ばれたのは、岩だらけの崖から小さな滝が噴き出ていたからである。今日、参拝者たちは清めの行為としてその水で口をすすいだり、飲んだりする。多くの古い寺院と同様、清水寺はすでにカミで満たされ、タマによって力を与えられた場所に築かれたのである。

神道と仏教のそれぞれの要素は今では内在的な関係で密接に絡み合っているため、それを分けるのは事実上不可能である。

清めの手段として水を用いることもまた、日本人の日常生活のなかでよく目立つ行為である。食事客や旅行客には、顔や手をぬぐうためのおしぼりが出される――これはたいへん洗練された習慣なので、今や世界の多くの航空会社でふつうにおこなわれるサービスとなっている。商店主はよく、開店時に店の前の歩道をホースやバケツの水で洗う。伝統的な日本の風呂には、独自の洗浄・浄化の作法がある。近所の公衆浴場は、個人の家に風呂を作るほうが好まれるようになったため急速に姿を消しつつあるが、伝統的なエチケットのいくつかはまだ家庭で守られている。たとえば、風呂に入る順番は家長を頂点とする家族関係のヒエラルキーを反映しているようだ。風呂に入るときは、誰もがまず石鹸と湯で汚れを洗い流し、きれいになったところで湯船につかる。この手順が示すのは、風呂の目的が単にきれいになることにとどまらないということである。湯が熱すぎてちょっと動いても肌がぴりぴりすることがよくあるので、入浴者は湯のなかでじっとしている。そうすることで筋肉の緊張をすっかりほぐして、床に入ることができる。次の人が入るときも湯はきれいなままなので、家族が一人一人、同じ湯で体を清め、温めることができる。この経験がもたらすのは、家庭、家族、風呂、寝床をとりまく、つながりあいの静かな感覚である。

**写真5　神社の手水舎**　並んだ柄杓は参拝者が手や口を清めるためのものである。

こうした、水にかかわる行為のなかには、一見するとたんなる衛生上の気遣いにすぎないように思われるものもある。たしかに、飛行機で食事前に配られるおしぼりを使う乗客は、神道に関わることをしているとは思っていない。何と言っても、食事の前に手を洗うことは衛生的だ。だがこの習慣は、近代的な衛生概念が知られるよりずっと以前から日本にあった。今から十七世紀前に中国から、五世紀前にヨーロッパから日本にやって来た訪問者は、日本人がきわめて風呂好きであることに触れている。日本では、風呂の目的は単に汚れを落とすことだけでなく、清めのためでもある。もちろん、ほとんどの日本人はあまり考えずに、こうした行為をおこなっている。行為の背景にある神道的価値観が深く浸透しているので、それについてあらためて考えたりしないのがふつうなのだ。

神道の儀式のなかで清めの働きをするものとしてもっとも一般的なのは水だが、塩や火もまた用いられる。塩は白く、海や生命と結びつけられ、悪霊やケガレた存在を追い払う。相撲を例にとれば、力士は土俵に近づくと、手につかんだ塩を空中に撒《ま》き、勝負の場を清めるのである。相撲の儀式的な道具立てのなかには神道の影響が明らかに認められる。四《し》股《こ》名《な》を選ぶ際、ふつう力士は山や木などの自然物をさす言葉をそのなかに含める。土俵それ自体も円形の注連縄によって区切られる——その領域を神聖な場所と示すためである。取組は、どちらがその円内に残ったか、押し出されたかで勝負が決まる。土俵という場所の神聖な性質は、上に神社の屋根部分が吊り下げられていることで強められる。行司は軍配を振って邪魔な霊を追い払い、取組の進行を差配する。勝って賞金を受け取る際、力士は手を振るようなしぐさをするが、これは神道の儀式で四方の悪霊を払うときのしぐさに似ている。こうしたシンボルには無意識のものもあるかもしれないが、相撲全体には神道的なイメージがちりばめられている。

清めにはまた、火が用いられることもある。神道の祭りには、参加者が燃えさかる松明《たいまつ》を手に森を駆け抜けるというものがある。正式な神道儀式のなかで清めの火は、神聖な木材の棒をこすり合わせるか、火打ち石を打ち付けて熾すことになっている（マッチやライターは使用できない）。伊勢神宮では古代からの伝統に従い、木製の乳鉢と乳棒を用いる。こうした火の熾し方が明らかにもとづいているのは、火に備わった浄化する力――この場合は火花――は自然から放たれるものであって、作り出されるものではないという考えである。したがって火は、不浄なものを燃やし尽くすとともに、自然につねに存在するスピリチュアリティの根源的な火花へと人を立ち返らせてくれるのである。

清めの実践には、さらにもう一つ方法がある――すなわち、最初からやり直すということである。その例として考えられるのが、使い捨ての箸である。フォークを床に落とした場合なら、洗ってある別のフォークを持ってくるか、落としたフォークを洗って持ってくる。これに対して使い捨ての箸を落とした場合には、新しい箸が出される。神道では、新しさは更新を意味しうる。天皇の国としての日本で、最高位に置かれる神社は、太陽のカミを祀る伊勢神宮である。清浄さを保つために神殿は二十年ごとに壊され、新しい神殿が建てられる。この営みが思い起こさせるのは、八世紀より前の古代日本では新しい天皇が即位するたびに宮殿が新しく建てられていたことである。どちらの事例でも清浄さを保証するのは新しさなのである。

## 固別性と共同体の連帯感

固別性と共同体の連帯感は、対立しているように見えるが、実際は互いに作用しあっている。それを可能にするのが、あらゆる部分に全体が存在するというホログラフィー的パラダイムである。すでに説明したように、伝統的な日本食では、各人が食べる分が個別に出される——たとえば中国料理のような、料理を家族で取り分けるやり方とは異なっている。割り箸はそれを使う人自身が割るのである。しかし全体を別の視点から見ると、きわめて共同的なのである——そのよい例が、ご飯が一つのお櫃から盛られたり、酒が一本の徳利から注がれるということである。日本での食事とは、それぞれ孤立している人々が、一緒に食事するために集まるということではない。西洋では社会は、個人間に成立する契約関係であると考えられているが、これに対して日本では、人々は自分を他者とつなぐ内的な関係を認識することで連帯感を得る。日本人の場合、ひとが個人的であるということは、本質的に共同体的なのである。つまり、全体が個々の部分に全て存在しているのである。こうした考えは、多くのアメリカ人や西欧人には理解しがたい。したがって、もう少し深く掘り下げてみよう。この力学を、とくに神道にあてはめて理解するにあたっては、日本人に見られる地域性と国民性とのあいだの相互作用を考察することが有効である。

日本人が同質的だという考え方、少なくとも日本人自身がそう思っていることは、よく知られている。だがこれは部分的にしか正しくない。日本はきわめて地域性が強くもあるのだ。理由の一つは地形である。東京から京都まで新幹線に乗るとしよう。車窓の景色からは、日本列島が火山で生成されたことが明らかだ。日本列島は地質学的に若い陸塊であり、海床から隆起した火山の山頂がつらなっている。その若さゆえ、日本の地形は完全には浸食されておらず、山々はかなり急峻に海に落ち込んでおり、指状に流れ落ちた古代の溶岩流の名残りをとどめている。日本人のほとんどは、こうした溶岩流のあいだにある小さな平野や盆地に住んでいる。こうしたパターンは、列車の車窓から景色が次々と変わるにつれて、見て取ることができる。薄暗い山地と明るい場所に点在する大小の町や、田んぼのなかの村落が、入れ替わり立ち替わり現れるのである。もし列車のスピードがもっとゆっくりで、われわれが観察力の鋭い生物学者だったなら、しばしば盆地ごとに植生の違いがあることに気づくことだろう。盆地ごとに独自の小さな生態系がある。その理由は、日本列島の大部分が南西―北東の軸上にある一方で、気候パターンはもっぱらそれと直交する北西―南東の軸上にあるからである（気候の軸の向きは季節によって変化する）。したがって気象前線は海岸部にぶつかり、向きを変えてかつての溶岩流の狭間にあるさまざまな場所に入り込み、気温や湿度の微妙な違いを生む。このように山々が指状に広がっているため、近代的な輸送システムが発達するまでは盆地から盆地へと陸伝いで行くことは困難だった。食べ物や調理法、工芸の種類、方言において地域差が拡大した。酒を例にとっても、地域差は決定的に重要だ。文字通り何千もの銘柄の酒が日本にはある。しかし実のところ、いくつかの全国的銘柄を除けば、酒を造っているのは小規模の醸造所であり、使う水も醸造法も地域ごとに異なっている。

今日なお日本人が地域差を大事にしていることは、毎朝のテレビニュースやワイドショーを見るとわかる。毎日違う場所が登場し、レポーターがその土地の食べ物や工芸品、習慣、観光名所を紹介する。デパートや大型スーパーでは、よく週替わりで日本各地の物産品を展示販売する。新幹線でも、列車がいろいろな地域を走り抜けてゆくあいだに、乗務員が通路でさまざまな食品を販売する。要するに、地域差は日本の同質性の一部をなしているのである。地域性があることによって、その人は日本人でもあることになる。特殊性は全体をホログラフィー的に反映するのであり、人は地域性があることによって同時に日本という共同体全体を公に示すのである。神道で祀《まつ》るのは、こうした地域性の感覚である。ほとんどの神社はその性格として、その土地ないし地域に関わるものであって、全国規模のものではない。神社は特定の場所ないし地域のカミを祀るのだが、そうすることで人々をあらゆる場所のカミに向けて開くのである。ホログラフィー的なものの特別な働きによって、人が特殊なものに深く入れば入るほど、他との結びつきはいっそう包括的になる。したがって、もっとも身近な地元の神道行事に参加するときでさえ——あるいは、そういうときにこそ——他の日本人とのつながりを一番感じるということがありうるのだ。

## 酩酊

コメに関連する最後のテーマは酩酊である。これは本章で繰り返しおこなった酒への言及を受けたものである。日本では酒は儀式で重要な役割を果たす。小さな器に注がれ、死者やカミに供えられる。新規開店や政治家の事務所開きには、新しい酒樽を開ける儀式、鏡開きが執り行われる。また酒は、ある種の清めの儀式でも中心的な役割を果たす。古代の神話や数多くの民話から、日本のカミは酒と宴会が好きだということがわかる。すでに述べたように、神社で目にする、うず高く積み上げられた酒樽は、信奉者〔氏子〕による寄進を象徴している。さらに付け加えておかねばならないが、この種の例では、多くの場合、酒がもつ人を酔わせるという性質はほとんど重要ではない。酒を飲むことは、必ずしも泥酔状態になるほど酔うことを意味しない。何と言っても、アルコール〔酒精 spirits〕

は神道以外の宗教的伝統においてもスピリチュアリティ（spirituality）と関係しており、その場合必ずしも酩酊状態になるほどの飲酒を伴うわけではない。たとえばキリスト教の聖餐式《エウカリスト》では、キリスト教共同体でのサクラメントの儀礼で、ぶどう酒が用いられる。ユダヤ教の儀式でも、ぶどう酒が同じような役割を果たす例がみられる。

だが、酒が人を酔わせる性質を見過ごすべきではない。日本においてはアルコール――つまり歴史的に言えば日本酒のことだが――の消費は、日本の社会構造のなかで一貫して重要な役割を果たしてきた。日本人（とくに男性）は、日本という国の厳格な社会規範からの解放されるために、アルコールを飲むことで知られている。職場では、日本的な序列システムが個人の行動に重い負担となっており、上位者に敬意を払うこと、下位者の要求に応えることがつねに期待される。しかし、終業後に仕事仲間と酒を飲んでいるあいだは、厳しい社会的規則は消えてしまうものだ。よくあるのは、酔った係長や課長が大勢で上司にきわめて批判的な意見を言い、翌朝、飲み過ぎていたと言って詫びて許してもらう、といった話だ。心理学者や人類学者、社会学者による共通した分析では、日本では飲酒は一種の安全弁であり、決まりきった日々の仕事がもたらす抑圧された怒りから生じる、やり場のない圧迫感のはけ口となっているのである。

さらに言えば、一緒に酒を飲むことは絆の形として多くの文化で見られる。たとえば、ビアホールほどドイツ語の Gemütlichkeit〔ゆったりした心地よさ〕という語の意味を感じさせてくれる場所はない。二人のドイツ人が、お互いの呼び方を敬称のSie〔あなた〕から親称のDu〔きみ〕に変えることを正式に祝おうとするときには、腕を組んでビールの乾杯をするのがならわしである。一緒に酒を飲むことが人々の間の社会的な壁を解消し、より親密な共通点を発見することを可能にすることがある。こうした機能を考慮に入れないと、酒が神道儀礼のなかで果たす機能は十分に理解できない。

むろん酒の飲み方について、儀式として飲むのか、それともただ単に酔っぱらう目的で飲むのか、その両者を区別するのは必ずしも簡単ではない。〔無意識に行なうほど習慣化した〕第二の天性について、人々が自分のしていることの理由をはっきり認識していることはめったにない。本章で論じてきたスピリチュアルな価値観は、ほとんどの日本人にとって第二の天性になっている。つまり、こうした価値観はほとんど説明されることなく、反復や伝統を通じて文化に適用されていくので、自己を内省する通常の意識の下に埋もれてしまう。だから、ある種の行為について、その本当の動機を説明するのは、日本人にとって、外部の人間が推測するのと同じくらい難しい。しかし、今日の日本文化のなかで酒がもつ文化的意義を明らかにするには、日本の飲酒習慣における最近の変化がカギになる。日本では酒に代ってビールがもっとも好まれるアルコール飲料となり、ウイスキーもそれなりに飲まれるようになっている。食事の際の飲み物も同様である。伝統的な日本食の席でも主賓がふつうまず聞かれるのは、「ビールにしますか、お酒になさいますか」、ということだ。こうした現象をみると、酒は日常生活のなかでの特権的な地位を失ったように思わせられる。

だが、本当にそうだろうか。食事の際、ご飯を食べるときにはビールを飲むべきではないと主張する日本人は多い。理由を尋ねると、一番よくある答えは「気分が悪くなるから」というものだ。そうした主張の生理学的根拠は私にはわからない。他の文化の人々はたいてい、この二つを一緒に摂る。しかし、だからといってこの主張が日本人にとって正しくないということにはならない。心身相関的な力が作用しているのかもしれない。酒とコメには、この章で論じたようにさまざまな複雑な連想があるのだとすれば、今でもそれらがおそらくは無意識のレベルで、日本において「伝統的である」として機能していることも考えられる。酒はもはやもっとも人気のあるアルコール飲料ではないが、それでも日本的価値体系のなかで独自の連想を保ち続けているのである。もしかすると、コメと酒は共に「伝統を感じる」ための一種の文化的な、神道的でないとしても、ホログラフィー的入口として機能しているのかもしれない。そうだとすれば、そんな入口にビールのような「外来の」要素が混入することは間違い、あるいは不適切にみえるだろう。タブーを破ること（あるいはタブーを破るおそれ）は人を不安にする。酒がその地位を保っていることについてのこのような心理学的解釈は、もちろん全くの推測にすぎない。しかし過小評価してはならないのは、伝統がいかに第二の天性になるか、またいかに公然と侵害されるということが、その伝統のなかで成長した人間にとって理屈抜きで不快な影響を与えうるか、ということである。

日本人の日常の細事のなかに存在する神道的価値観を論じるにあたって、これまで文化的同化を「第二の天性」のレベルと名づけて分析してきた。こうした考えや価値観、実践は、日本の伝統にしっかりと組み込まれているため、内省や明白な根拠づけの対象となることはほとんどない。子供たちはそれらを成長過程の一部として学ぶ――年長者をモデルに考え方や感じ方、振る舞い方を身につけるのだ。日本のコメ文化を考察することで、こうした神道的価値観の、いかに多くが日常生活のごくありふれた事柄と関連しているかを理解することができた。概して言えば、本章でここまで論じてきたことの多くにおいて、多くの日本人は、自分自身でもすぐには分らないような習わしで神道とつながっていることになるだろう。もちろん、話はこれで終わりではない。人生の浮き沈みのなかで、日本人の多くは、自身を「神道である」とみなすような仕方で、まさに考え、感じ、振る舞うことがあるのだ。

## 日本人の生活のなかの神道的実践

日常生活で、神道関連の行動の文脈《コンテクスト》を理解するには、まずは西洋におけるキリスト教の場合と対比して考えてみるのがいいかもしれない。多くのキリスト教徒は、日常の出来事のなかで自らのキリスト教徒としてのアイデンティティについてあまり思いを巡らしたりはしない。しかしここで、これまで検討してきた日本の神道のコンテクストの場合と同じように、じっくり検討してみたとしよう。おそらく明らかになるのは、罪、赦し、愛、希望などのキリスト教思想や価値観を反映した、第二の天性としての数多くの考えや感情、行動だろう。こうした考えはもっぱら自動的に働くため、対象となっている人々が自分たちのキリスト教的ルーツを認識するのは、あえてそれを探究しようとする場合に限られる。キリスト教徒とは、キリスト教の習慣（habit）の世界のなかに住する（in habit）のだと言えるのかもしれない。だがそうしたキリスト教徒たちはまた、毎週日曜に教会での礼拝に通っているのだろう。これもまた、キリスト教に関連した習慣だと言うこともできようが、これまで論じてきた第二の天性としての習慣とは違いがある。日曜に教会へ行くことは意図的な行為である。着て行く服を決め、誰に会うだろうか考えるのであり、こうした予期した出来事が、全くキリスト教的なコンテクストの中で起こることをたいてい自覚している。彼らのキリスト教への関わり方がきわめてスピリチュアルなものであるなら、自分たちが教会に行くことは「自らのキリスト教信仰の実践」であると理解するかもしれない。たとえそうでなくても、教会に行く人たちはその行動を「キリスト教的」だと連想するだろう。

神道に話を戻して、今度はキリスト教会での礼拝への出席と比較可能な、日本でよく見られる実践について考えてみよう。つまりここで検討したいのは、習慣化しているにせよ、これまで分析してきた第二の天性としての行動よりむしろ、自覚的な心的態度である。一部の日本人には、こうした経験は神道であるという強固な自己アイデンティティの集中するところであるかもしれない。言い換えれば、こうした経験が彼らのスピリチュアリティの中核をなす宗教的実践と見なしうるかもしれないということだ。しかし他の人にとっては、行為は同じであってもその理由はむしろ伝統意識や、世代を超えて家族が実践してきたという連続性を維持すること、あるいは形式的に社会から期待されることを満たすことにあるのかもしれない。重要なのは、どちらのグループの日本人も、そうした行為をする際に自分の行ないが何らかの意味で神道と関連していると意識していることだ。だから、これらを「神道と認識しうる実践」と呼ぶことにしよう。こうした実践は、三つのカテゴリーに分けられる。すなわち神道的な意味での時間、場所、道具についてである。一般論として、ほとんどの日本人になじみがあり、若干の特定地域だけでなく日本全国に当てはまる、共通の実践に焦点を合わせることにしたい。最初にとりあげるのは、時宜にかなうという強い感覚をもった実践である。

## 神道的である時

他のほとんどの宗教的伝統と同様に、神道における時間の経過のとらえ方には、大まかに言って二種類ある。人生の諸段階を示す伝記的時間と、一年のサイクルを示す暦的時間である。宗教によっては——とりわけ、アブラハム的伝統をもつユダヤ教、キリスト教、イスラームでは——三種類の聖なる時間である歴史的時間に、深い意味を認めている。宗教史上の出来事を通じて、聖なるものが自らを明らかにするという意識は、多くの場合、神道では強調されることがない。人生の諸段階を祝うにあたって、神道の習慣ではもっぱら、人間の生殖と家族に関わる出来事や時期——すなわち誕生、幼年期、結婚——に重点を置く傾向がある。他の宗教的伝統の知識からすれば、神道は死に際しても特別に重点を置くはずだと考えるかもしれないが、しかし通例、そうではない。すでに述べたとおり、神道では死者と接触することをタブーとしているのである。後の章では、日本で葬儀が神道ではなく仏教の領域とされることが多い理由を考えることにする。

それでは、人生の最初の段階、誕生から始めよう。生後約一か月で、新生児は神社に連れて行かれ、カミの前で報告される。赤ん坊は出産という試練を経て、いまやその地域社会のあらたな一員と見なしてよいほどに生き延びた、ということだ。この儀式は初の神社参拝、つまり「初宮参り」と呼ばれる。これは古代においては、新生児と村あるいは氏族を守る産土神《うぶすながみ》とのあいだの内在的なつながりを確認するための儀式だったと考えられる。期待されているのは、この共有された関係において、タマが子供の健康と安全を守ってくれることである。古式にならえば、すでに見たとおり、母親は――出産時の出血でケガレているということで――一緒に参詣することができない。だがこの禁制は、公式の教義上は別としても、実際上はなくなりつつある。さらに人口が大都市に移動したことで、昔からの産土社とのつながりがますます薄くなった結果、こうした儀式は今ではかなりの割合で、地元の神社ではなく規模が大きく格式の高い神社で行なわれている。それでも、初宮参りは今でも重要な家族行事であり、晴れ着を着て祝う機会でありつづけている。

人生の次の段階を祝うのが「七五三」と呼ばれる儀式である。この儀式は、男の子なら五歳、女の子なら三歳か七歳になった年の十一月半ばに執り行なわれる。この儀式は乳児期から幼児期への移行を祝うもので、子供はしばしば贅沢に着飾り、着物を着たり、袴をはいたりする。元来、この儀式は子供が家の仕事を担わされる時期を意味していたのではないかと考えられるが、多分こうした意味は今では忘れられている。三、五、七歳という特定の年齢の意味は、中国の民俗的・道教的伝統から来たと思われるが、そこでは、これらの年齢は邪悪な力の影響や危険にとくにさらされやすいと考えられているのだ。

人生の第三段階で、広く知られる正式な神道行事は、結婚である。今日、結婚式に単なる世俗的要素よりも宗教的要素を多く盛り込もうとすれば、神前式でおこなうのがもっとも一般的である（仏前式やキリスト教式の結婚式もあり、なかには花嫁と花婿が途中で和装から洋装に衣装替えをする折衷式のものもある。ちなみにこうした場合、キリスト教式での挙式は、宗教的信念の表明というよりファッションとしての主張であることが多い）。今日の伝統的な結婚式では、ふつう神職が式をつかさどり、儀式の中心は新夫婦が（大中小の）盃につがれた酒を何杯も飲むことにある。神前式が一般的になったのは二十世紀のことにすぎないと思われるが、神道は清らかさと豊饒の双方を重んじていることから、結婚式にとりわけふさわしいものになっている。

時間の経過をあらわす神道的実践の第二のグループは、年中行事に関わるものである。新年（正月）の儀式が、日本中でもっとも広く祝われていることは疑いない。日本では、新年は単に（元日の）一日だけでなく、季節として祝われており、人々は昔から一月最初の週のあいだに「初詣」に神社へ行く（地元の小さな神社より全国的に有名な大社に行く傾向が強まっている）。神社に加えて——あるいは神社の代わりに——寺へ行く日本人も多い。神社に詣でた人はしばしば、特別な食べ物の相伴にあずかったり、屠蘇《とそ》を飲んだりするが、それらはまずカミに供えられたものなのだ。参拝者はそうすることによって、カミと接触することで生じるタマを分かち合うことになる。初詣にみられる思想は、前の年から持ち越したケガレを清め、新たな年のスタートを切るというものだ。新年の儀式は地域によりさまざまである。たとえば京都の八坂神社では、人々は神職の焚きつけた神火から火縄に火を移し、それで火を起こして新年最初の食事を作るのである。

その他の儀式は、年中行事の他のさまざまな重要な時点に焦点を合わせている。田植え、稲刈り、夏至と冬至、春分と秋分などである。これらの時点は、たいてい地域の祭りとして、その土地に密接にかかわる他の行事と同様に祝われる。これらは一般に「まつり」と呼ばれるが、その規模はさまざまで、〔アメリカで街区《ブロック》ごとに住民が催す〕ブロックパーティー程度のものから、日本中から何百万もの見物客が押し寄せ、準備に何か月もかかるようなものまである。「まつり」の目的を理解するには、この語（安置 enshrinement、高めることとelevation、あるいは神格化 defication の意）が政府（government）ないし統治（administration）を意味する「まつりごと」という語と関連があると心に留めておくことが役に立つ。つまり祭りの中心には、宗教的なものと社会的・政治的なものとの内在的関係があるのだ。今日行なわれる多くの祭りは、直接神道に関係していないが、古い祭りのほとんどではその関係は明らかである。そのため、祭りという名のもとで、あるレベルではその土地で重要なカミをたたえる宗教行事がおこなわれる一方、別のレベルではアメリカのカウンティ・フェア〔郡《カウンティ》ごとの共進会〕に比べられるような地域社会の協力事業が見られるのである。この二つのレベルでの目的は、互いに矛盾しているようにみえるかもしれないが、実際はそうではない。たとえば（マルディグラ〔謝肉祭の最終日に行なわれる祝祭〕のような〕カーニバルはヨーロッパ起源の文化で同じような役割を果たしているのである。

さらに言うなら、祭りにつきものの熱狂は天上〔高天原《たかまがはら》〕のカミが登場する古代神話にまでさかのぼる。次章では高天原のカミ達が、洞窟に身を隠した太陽のカミ〔アマテラス〕を、騒がしい祝祭でその好奇心をかき立て、うまく外へ連れ出したさまを見ることにしよう。この話から考えられるのは、高天原のカミも楽しい時を過ごすということだ。多くの場合、頭を下げて敬意を示されるより、彼らは宴会を開いてもらうほうを好んでいるようだ。カミが望むのは、人生の祝い事に加わって崇められることだと言えるかもしれない――そのことから明らかになるのは、つながりを発見し表すものとしての神道的スピリチュアリティである。人がカミなしでは不完全であるだけでなく、カミもまた、人なしでは不完全なのだ。

第一章ではビジネスマンの神社参拝を、とくに動機もなく友人の家に立ち寄って閑談することと比べてみた。祭りがもつ陽気な側面は、その友人のために誕生パーティーを開くことになぞらえられる。パーティーでは主賓の友人たちや家族が一堂に会し、皆が彼と互いにつながり合っていることを祝うことができる。招待客のなかには互いに知らない人もいるかもしれないが、パーティーのおかげで、共通の友人である主賓を通じて自分たちがいかにつながり合っているかを知ることができる。それはまるで、主賓のためのパーティ

**写真６　宮島の鳥居**　日本でもっとも有名な鳥居の一つ。この朱塗りの鳥居は入江に立ち、厳島神社への入口となっている。

ーがホログラフィー的入口となって、人々が皆お互いの関係性を知り、祝っているかのようだ。祭りもこれと同じように機能する。社会的なレベルでは、祭りは人々を一つにし、お互いの共通点を祝う場となっている。祭りの参加者は、はっきりとではないがなんとなく、自分たちのつながりを感じるのである。一方宗教的なレベルでは、祭りは人々がカミと内在的に不可分であることを際立たせる入口であるとともに、カミに満たされ、タマによって活性化された世界のなかで生きているという意識を、少なくとも潜在的に喚起しているのである。

## 神道的である場所

何世紀も前から、日本の各地には並はずれてスピリチュアルなことで有名な場所が存在している。前章で説明した通り、一般的な神道の理論では世界全体がスピリチュアルな力に満たされているのだが、何らかの理由でそれが他よりはっきり感じられる場所がある。こうした場所が、巡礼者にとってのホログラフィー的入口となるのだ。こうした場所の多く――富士山、伊勢、宮島など――は絶景の地であり、都市のスプロール現象に侵食されてはいない。実際のところ、畏怖の念を呼ぶ美しさはカミの特徴の一部であり、全体を含み込んだ一部として、そうした場所を際立たせているのである。神道と自然は親密に結びついているので、山深い森にある有名な神社に詣でることは、国立公園に観光客が立ち寄るのに似ているかもしれない。神道の巡礼と低いレベルでのエコツーリズムとのこうした一致ぶりは、次のように解釈できることが多い。

日本人はすっかり世俗化したので、こうした遠くの神社への参拝にはスピリチュアルな意味などない。人々は単にしばらく都会を離れて自然を賛美し、有名になるのももっともだと思える自然美を楽しみたいだけなのだ。だからここにはとりわけ「宗教的」なことなど全くない。単なるレジャーであって、おそらくは家族としばらくの間充実した時間を過ごすための機会にすぎないのだ。

しかし同じ行為に対して、第一章での分析にもとづいて別の説明を考えることもできる。日本人は「離れる」のでなく「帰る」のだ。自然を「賛美する」ためではなく、自然と「心を通わせる」ために訪れるのである。自然美を「楽しむ」のではなく、それに「心打たれる」ままになるのだ。「レジャー」ではなく、静かに「家でくつろぐ」という感覚である。こうした微妙な言い換えが示すのは、表面的には同じ行動なのだが、それが伝えるのはまったく違う情緒で、本書のなかで神道に関連づけてきた多くの基本的価値観である。厳粛さや慎しみ、超越的な実在への明白な崇拝がなければ、宗教はありえないと考えることは間違っている。こうした偏狭な宗教理解を主張することは、神道的スピリチュアリティのもつ多くの重要な要素を見失う危険性がある。

さらに言うなら、少なくとも意識下では、鳥居、玉砂利が敷かれた領域、境内の注連縄などは、こうした自然の驚異が単なる観光の対象を超えた存在への入口でありうるのだと参拝者に思い起こさせる。それらは、万物との親密なつながりへの入口となりうる。この点からすれば、前述の説明で行楽を「家族との充実した時間」としたのは妥当だった。しかしこの「家族」は拡大解釈して、一緒に電車で神社に行く人たちだけでなく、親密な関係にあるすべてのものを含めることができる。

もちろん、神道の聖地は自然の驚異だけに限られない。すでに説明したように、自然のなかの畏怖の念を起させる存在はあまたのカミガミの一柱にすぎない。神社のなかには亡くなった武士や天皇、将軍、学者、芸術家を祀ったものもある。都市部には町内の小さな神社もあれば、東京の明治神宮のように壮大な社殿を擁《よう》する神社もあるが、いずれも自然の驚異を祀る神社と同じ効果をもちうるのである。さらに都会でも田舎でも、規模の大小を問わず、多くの神社はそれぞれ、毎年行なわれる祭りの場となっている——そうして聖なる時と聖なる場所は一つになるのである。

### 神道的であるための道具

研究者はときに聖と俗の区分を強調するが、たいていの人はその二つのあいだを自在に行き来しながら日常生活を送っている。例えば、うれしいときでも困ったときでも、平穏なときでもストレスを感じたときでも、人々は家族や友人と連絡を取りたい気持ちになるものだ。多くの日本人はそうしたときに、同じようにカミに知らせたいという気持ちになるのである。ここでは、日本人が実際にどのような方法をよくとるか、三つを挙げてみよう。お守りを用いること、カミにさまざまな祈願をすること、そして祝詞《のりと》と呼ばれる独特の詠唱を行なうこと、である。

神社の毎日のおもな収入源は、仏教寺院と同様、お守りの販売である。お守りやお札は、それぞれ特定の目的がある。たとえば交通安全を願うなら、専用のお守りを買って車のどこかに下げておくことができる。これと同じなのが、ローマカトリックの聖クリストファー〔聖クリストフォロス、行者の守護聖人〕のメダル〔メダイ〕である。ほかに心身の健康や試験合格、安産、商売繁盛などを目的にしたお守りもある。刺繡をほどこして口に引き紐をつけた巾着袋の形をしたものもあれば、小さな紙片ないし木片を白い包み紙におさめて紐で縛ったものもある。どちらの場合も、たいがい神社（ないしカミ）の名と、そのお守りの意図するご利益が記されている。

お守りは古代から世界中に存在しており、その起源や理由を特定するのは難しい。人類学者や宗教学者はさまざまな理論を立てているが、その多くは魔術や魔法と結びついた形而上学的体系への信仰を中心として論を展開している。そうした説明は、起源を理解することには役立つかもしれないが、現代においてお守りをもつ神道信者、聖クリストファーのメダルをもつカトリック信者のことを考えると、それほど説得的ではない。とりわけ現代の実践に関しては、こうした理論に心理的側面を補ってやる必要がある。つまり、お守りやお札は人々に聖なる実在の領域を思い起こさせるのだ。この観点からすると、カトリックの聖クリストファーのメダルも、神道の交通安全のお守りも、旅人に自分が一人で旅しているのではないと思い起こさせるものとして役に立っているのである。

この点を、これまで神道を論じるのに展開してきた用語法で言い直してみよう。お守りは、それ自体が一種のホログラフィー的入口である。それを買い求めて大事に扱うことで、人は自分がより大きな全体――自身を超えるのではなく自身のなかに反映される全体――の一部であることを思い起こすのである。お守りは人の、カミに満たされタマに力を与えられた世界に対する意識的なつながりを保つのだ。こう解釈すると、少なくとも現代の文脈では、お守りは信仰の対象ではない。それは人がすでに信じているものだが、日常生活の騒がしさのなかで忘れがちなことを思い出させるものなのである。それは、職場の机の上に飾られた家族の写真とそれほど異なるものではない。

お守りの使用と密接に関連した、もう一つの神道的習俗とは、木製の小さな飾り板〔絵馬〕に願いを書いて（あるいは願いがあらかじめ書かれたものを買って）、神社にある専用の棚に吊るし、正式にカミに祈願をすることである。こうした絵馬が、幸運への感謝のために使われることもある。絵馬が吊るされた場所の近くでよく見かけるのが、木の枝や茂みに折った紙片〔おみくじ〕を結わえつけた光景だ。おみくじにもお守りと同じ性質がある。大きな神社では、参拝者は運勢が記された小さなおみくじを買い求めるだろう。運勢を読み終わったらそのおみくじを折って、木の枝やそれ専用に柱と柱のあいだに張られた紐に結わえつけるのである。ほとんどの人はとくに理由もなくそうする。だが、おみくじを折

**写真7　願掛けの絵馬**　神社への参拝者の多くが木製の板にカミへの願い事を書き、社殿前の絵馬掛に掛ける。

ってこのように置いてくると幸運が実現すると言う人は多い。しかしその逆に、おみくじを折って結わえると幸運の妨げになると考える人も同じくらい多くいるようだ。神社でよく聞く妥協的な立場とは、紙片を木の枝に結わえつけると両方のことが起こるというものである。つまりいい予言は実現し、悪い運は来なくなるということだ。理由はどうあれ、多くの神社にはこうした紙片が何十、何百もぶら下がっている場所がある。紙は神道ではほかにも儀式的な機能をもっている——理由の一つは日本語の「紙」が「カミ〔神〕」と同音であることかもしれない。神社では、ジグザグに折られた紙が縄に下がっているのをよく目にする。多くの場合、その場所は神聖な木や岩の周りにかけられていたり、鳥居にとりつけられた注連縄である。この紙は神職が場を清めるのに用いる、榊《さかき》の枝で作られた玉串《たまぐし》にも使われている。

神道的だと認識できる実践の最後は祝詞、つまり多くの神道儀式で用いられる詠唱ないし祈りである。「祝詞《のりと》」の語源ははっきりせず議論の余地があるが、一般的な解釈では「上からくだされる」ことば「のり」と、詠唱「と」をそれぞれあらわす語根に由来するとされる。こうした由来から、この語は元来、カミが巫覡《ふげき》をつうじて人々に意思を伝える、託宣のことであったと考えられる。いずれにしても、すくなくとも過去千年ほどにわたって理解されてきたところでは、祝詞とは神職が新年の祈りや豊作祈願、新居の祝福といった儀式の際に唱える、定型のことばなのである。最古の祝詞は文字使用以前にさかのぼると考えられ、のちに『古事記』（八世紀初め）のような古代のテクストに記録された。今日使用される〔祝詞の〕文型は、大部分が十世紀の儀典書『延喜式《えんぎしき》』に見られるが、多くは確実にそれ以前の口承伝統の一部だったと考えられる。祝詞には漢文（ただし発音は日本式）のものもあるが、ほとんどは古代日本語であり、内容よりも音の響きが重要な箇所があることから、声に出されたことばに力があるとされていたことがわかる。この力は第一章で論じた、言霊《ことだま》の概念に関連すると考えられる。

祝詞には意味が不明な箇所があるものの、その祈りにはふつう祝詞が対象とするカミについての説明の抜粋が含まれる。古代において祝詞は、清めや健康、災害からの解放ないし保護などといった願い事の一部として、カミを鎮めるために用いられたと思われる。カミについての情報を列挙することは、願い主がすでにカミを知っており、カミと自らのあいだに内在的関係を築きつつあることを証明する手段なのかもしれない。祝詞でカミについて細かな言及をするのは、人間がそのカミについて精通している（そしておそらくはその逆も成り立つ）ということを示唆している。したがって、祝詞の様式は、単にカミの機嫌をとる、あるいはカミを人のために何かさせる呪術ということではない。それどころか、祝詞はすでに存在する関係——カミと人間のあいだの重なり合い——を、今後に関わり合ううえでの基礎として確認するのである。

## 実存的な神道的スピリチュアリティと日常の日本文化

この章で見てきたのは、いかに神道のテーマや価値観、考え方が多くの日本人の日常生活に二つのレベルで接しているかということだ。まずほぼ無意識的に、文化変容を経た第二の天性として機能することがある。一方、意識的なレベルでは、ほとんどの日本人が進んで明らかに神道的な文脈に加わる、お決まりの行事がある。神社に詣でたり、お守りを買ったり、新年の儀礼に参加したりすることである。いずれのレベルでも第一章で論じたような種類の経験との連続性が見られる。それが可能な理由は、一つには神道が、すくなくともこれまで論じてきたように、聖と俗とのあいだに明確な二項対立を設けていないことだ。ホログラフィー的入口というパラダイムがあることで、日常のなかの特殊事例と聖なる全体はつねにお互いを反映し合うのである。

今日の日本人は十人中九人が、すくなくとも何らかの文脈で、自分を神道信者だと考えている。このことを認めるなら、彼らが指しているのは神道的スピリチュアリティの本質主義的な形態よりむしろ実存的な形態であるに違いない。このスピリチュアリティのおかげで、彼らは自然や他の人々、そして不可思議で畏れを喚起する存在とのつながりを感じることができる。しかしだからといって、それと劣らず、あるいはそれより重要かもしれない他の種類の——たとえば仏教徒としての——個人的アイデンティティをもてないわけではない。彼らの実存的な神道的スピリチュアリティは、こうだと定義づけするのでなく、言葉で説明するのである。自らを「神道」信者と分類することで、彼らは自分たちが生活のなかで習い覚えた型について、そう振る舞うべきとか振る舞わなくてはならないと受けとめずに深い事柄を表現することになる。したがって、彼らにとって「神道」という語は、規定するというより説明するものなのだ。このことから、自分を「神道」信者だという同じ日本人が、自分には「宗教」がないなどと言う理由をいくらか説明できる。すでに見たように、日本語の「宗教」という語には、規定された教義体系や宗派的な排他性など、本質主義的な性質というニュアンスがある。そのため、この語は彼ら自身の生活のなかで神道がどう働くかという感覚には当てはまらないのである。彼らの実存的な神道的スピリチュアリティは、親密な関心ではあるが、究極の関心とはならないと言えるだろう。彼らは、神道から深淵な意味とスピリチュアルなつながりの感覚を導き出すかもしれないが、神道の本質が自分たちの存在の侵すべからざる中核にあるという、形而上学的な主張をするわけではないのだ。

だからといって、日本では本質主義的な神道的スピリチュアリティなど不可能であるとか、きわめてまれであると言おうとするのではない。自分が何者であるかを理解するにあたって、神道が決定的な特性であるのは間違いない、と考える日本人もいる。こうした本質主義者にとっては、神道の価値観は厳格な実践を通じて育まれるべきもの、神道の思想は体系的教義として学ばれるべきもの、神道の制度は熱心に支持されるべきものなのである。彼らからすれば、何であれ不十分でしかないことをするのは偽善であり、本来の自分の姿以外のものであると自ら示すような、一種の不誠実を犯していることになるのだ。こうした本質主義的アイデンティティから、どんな形であれ仏教的活動には参加できないという人たちがいる。というのも、それによってマインドフルな心の清浄さを汚すことになるからである。一方で、形式的な参加であれば社会的調和への譲歩として許されると考える人たちもいる。だがそうした活動がどれほど仏教的であっても、その人の「仏教徒」としてのアイデンティティは実存的なものでしかありえない。本質的には、その人が神道信者であることに変わりはないのだ。

神道の実存的スピリチュアリティと本質主義的スピリチュアリティを評価するにあたって、片方が本物でもう一方は歪曲だ、あるいは片方は伝統的でもう一方は新しい、と言いたい誘惑に駆られるかもしれない。しかしそうした評価は表面的であり、日本の歴史のなかで展開してきた二種類の神道的スピリチュアリティのあいだにある、複雑な力学についての理解の欠如を示すだけだ。さらに、読者のなかには日本文化の知識があり、本書でここまで提示してきた分析に懐疑的な人もあるかもしれない。そういう人は、私の説明が神道をロマンチックに空想し、感応性と開放性という性質で禅に似た、一種の純粋な宗教的スピリチュアリティにしたとして非難するかもしれない。彼らはまた、この分析が、神格化された天皇や神風特攻隊、帝国主義的膨張や軍国主義、あるいは日本の民族的・人種的・国家的優越性を主張する神道的イデオロギーと、いったいどう関係するのかという、もっともな質問を投げかけてくるかもしれない。こうした問題に答えるためには、神道が日本においてどのように発展してきたかをより詳しく見なくてはならない。そこで、続く三つの章では歴史に関する内容について述べることとしよう。

# 第三章　古代神道（先史時代〜七九四年）――草分けとなった人々

第一章では、まず神道的スピリチュアリティの経験を、そのもっとも一般的な、かならずしも日本的でさえない形で論じた。第二章で記述したのは、この経験と関連する価値観や思想に満ちた現代日本人の文化的行動であり、また今日、多くの日本人の日常生活の一部となっている神道の伝統である。以下の三つの章では、先史時代から現代にいたる神道の歴史的展開に焦点を当てる。とくに注意を払うのが神道の制度的、教義的、政治的構造である。このように、長い期間について検討をすることで、実存的神道と本質主義的神道の双方の要素をいたるところに見出すだろう。また同時に、両者の歴史上の力学がおもに三つの段階において展開したことも見出すだろう。本章で考察するのは、神道的スピリチュアリティの最初の段階、つまり先史時代から八世紀末にいたるまでである。ここでは実存的・本質主義的な様式の、双方の基礎を見ることができる。第四章では引き続き、七九四年から本居宣長の没年である一八〇一年までを扱う。これから見るように、実存的な神道的スピリチュアリティの諸要素はこの千年間に花開いた。第五章で扱うのは物語の最後の二世紀——一八〇一年から二〇〇二年まで——である。ここで描かれるのは、本質主義的性質が擡頭し、それが最終的に戦争期において実存的特質を圧倒するに至った経緯であり、今日まで続くこの二者の気まずい緊張関係である。民衆宗教としての神道と国教としての神道、個人的スピリチュアリティの形式としての神道と国家主義的イデオロギーとしての神道、宗教団体としての神道と市民団体としての神道、それぞれの関係を理解するには、上記三つの歴史的段階における影響と相違点を把握することがきわめて重要である。話を始めるにあたって、日本宗教論あるいは比較宗教論の参考書でもっともよく見られる説明をまず考えてみよう。

## 神道の「標準的」な解説

西洋の評論家は、宗教についての先入観にもとづいて、神道についての語り方《ナラティヴ》を西洋の読者にとって都合よく理解しやすい型にはめてしまいがちである。自分自身の文化にある宗教から推測して、西洋人はしばしば他宗教のなかに、聖典にもとづく基礎と、世界の創造者としての神を見出そうとする。このモデルを用いると、神道の標準的な説明にはしばしばつぎのような要約文が含まれることになる。

神道は日本のアニミズム的宗教で、文字使用以前の時代にまでさかのぼる。その創造神話と国の成立事情は口承伝統に保存され、八世紀初めに『古事記』『日本書紀』という二つの年代記に書きとめられた。これらの年代記は男女のカミの始まり、そしてカミの行為によって日本列島（その延長として世界全体）が生まれる過程を物語っている。カミのうちで最も重要な存在は、太陽の女神であるアマテラスである。彼女は日本の皇室の直接の先祖であると考えられ、皇位に宗教的な基盤を与えている。

こうした説明は西洋で刊行された、日本を扱った何十もの書物や参考書に登場している。これから見ていくように、こうした説明は神道の本質主義的解釈に立っているので、十九、二十世紀の日本人による説明にも登場する――これは近代西洋の学問が最初に日本に関心を向けたのと同じ時期である。しかしそれより二、三世紀さかのぼると、その時代の日本人のほとんどが、こうした説明のなかに自分たちの神道的スピリチュアリティを見出すことはできないだろう。したがって、その主張にもかかわらず、標準的な説明はそれほど伝統的なものではないのだ。それは、何が神道にとってもっとも重要かということについての、あきらかに十九、二十世紀的な解釈なのである。こうした語りが、いかに権威あるものとなったかについては、第五章で解説しよう。もっとも、本書のこの時点でも、この標準的な説明には第一章、第二章での記述に合致しない点が二つ認められる。

まず、すくなくとも神道は「聖典をもつ宗教」だという点で、ユダヤ教、キリスト教、イスラームあるいは儒教とさえ比べうる、聖典《テクスト》に基礎を置いた宗教だと、遠回しに示唆する議論がある。そうすると、『古事記』や『日本書紀』が神道の教典ないし根本的な聖なるテクストだと考えられることになる。もしそれが正しければ、日本人はみなこうしたテクストを一般に読んでいるか、あるいは少なくともその一部を暗記しているはずだと思うだろう。また、そこからとられた語句が慣用表現として、数多く日本文化に浸透しているだろう（たとえばキリスト教の聖書の影響を受けた文化には「〔誰かが右の頰を打つなら〕左の頰をも向けなさい」のような表現が何百もあるように）。しかし、そうなる可能性はほとんどない。さらに、こうしたテクストで言及されているカミのヒエラルキーから推測して、神社は祀られる神々のヒエラルキーを念頭に置いて建てられたと考えるかもしれない。しかし多くの場合、そうではないのである。日本のほとんどの神社、とくに町内や村々にある小さな神社は、記紀が注目する大きなカミとはほとんど関係がないからである。

二つ目のかみ合わない点は、標準的な説明では「カミ」という語を用いて、もっぱら創造神話の叙述で、天上にいる男女の神々を指していることだ。だがこれまで分析してきたように、カミの意味はそれよりもっと広く、畏《おそ》れを感じさせるほとんどすべてのものを含んでいる。つまり、一般的な神道の実践や信仰の観点からすれば、創造をした人格神はカミの種類のうちの一つにすぎないのである。とはいえ、この後に続く神道の展開についての議論であきらかになるような理由から、本質主義的神道は創造神をカミのパラダイムとして強調する傾向がある。本質主義的神道の標準的な語りからすると、疑いをもたない読者は、神道は古代ギリシア・ローマの宗教とよく似た、人格神の固定したヒエラルキーからなる多神教だと考えるかもしれない。しかし、ギリシア・ローマの多神教で決定的に重要なのは、どれがどの神で、どこで崇拝されているかを〔人間の側が〕知っておくことなのだ。自分の今の状況に、天上のどの神が関係しているかを知らなければ、危険な――ホメーロスの物語が語るように命さえ失いかねない――事態になりうるのだ。古代ギリシア人は、しばしば自分たちを神々の競争や争いの人質のようだと考えていたが、天上の神によるこの種の人間の虐待は、神道の神話でも日本人が日常の出来事を解釈する際でもあまり見られない。たしかに、神道の世界は怨霊《おんりよう》や鬼、異形《いぎよう》の子ども、守護神などで満ちている。とはいえ、古代の神道では人間の世界をカミが楽しむための玩具や人格神の自我の延長と考えてはいない。たしかにカミ同士の競争は『古事記』や『日本書紀』に見られるけれども、そのほとんどが天上界で起きており、人間界を操作するという手段はとっていない。

しかし、超自然的な神々の物語は、十九、二十世紀にかけて、日本とそれに敵対する西洋の双方のイデオロギーにとってうまく働いた。一方で、日本の軍国主義者にとっては、移入された宇宙観の神々が日本を超自然的な介入によって守ってくれると考えるのは心強いことだった。他方で、日本に敵対する西洋では、日本の「カミ」が「神（deity）」と解釈されたことで、天皇を神（god）と信じる異教徒たちとの戦いに、一神教を信じる兵士たちが進んで赴く動機づけとなったのである。こうしたさまざまな政治的影響から、神道についての標準的な語りが十九、二十世紀に太平洋の両岸で広く通用することになった理由が容易に理解できる。

本章では、この標準的な語りの脱構築を目指すが、そのためにこの叙述が省略しているものに焦点を当て、現代の研究者――西洋と日本双方の――がそうした史料を意識的、無意識的に過小評価し、見過ごしてきたかもしれない歴史的根拠を明らかにしたい。最初に、『日本書紀』と『古事記』という文献上の伝統の外にある古代の神道史料を検討する。聖典や天上の神についての先入観を免れることで、古代の神道的スピリチュアリティに影響を与えた他の要素を発見することになるだろう。つぎに『日本書紀』と『古事記』の、テクストとしての歴史をより詳しく検討しよう。両者はなぜ書かれたのか。なぜ標準的な説明ではしばしば、両者の違いがあいまいにされるのか。とくに『古事記』の何が、この比較的無名だった存在を十九世紀日本の新しい国家像の礎石にするべく急速に押し上げたのだろうか。

## 代《オルタナティヴ》りとなる典拠

この問題に答えるには、文字使用以前の時代、つまり日本の場合、五世紀ないし六世紀以前に立ち戻らなければならない。証拠はほとんどない。あるのはいくつかの考古学的なデータと、人類学的に追跡可能な、古い時代に起源があるかもしれない型をうかがわせる実践と、そしてかつて日本を訪れた中国人が残した、生かじりで謎の多い記述である。この証拠から、ほとんどの研究者は、古代日本人をアニミズムの信奉者であった――つまり、自然と人間双方の領域で活動する精《スピリット》霊を信じていた――と推測している。悪い霊を払い、よい霊を呼び寄せるため、古代日本人は魔除けを用いた。スピリットと意思を通わせるには、おそらくシベリアや朝鮮と類似したシャーマニズム的な儀式をおこなったと考えられる（両地域と日本を結びつけるのには言語学的な理由もある）。考古学の発掘によって、日本列島の各地に「氏《うじ》」と呼ばれる氏族集団があったことを示唆する、先史時代の集落が発見されている。それぞれの氏には彼らを守護する独自のカミ（氏神）があったと思われる。

日本の石器時代には、狩猟採集民の集団が丘陵斜面の洞窟やくぼみに居住していた。

弥生時代（紀元前三世紀ごろから紀元三世紀ごろ）には、ほとんどの日本人は平地に住み、水田耕作や漁撈《ぎょろう》、野菜の栽培に従事する共同体を形成していた。こうした営みには、村落レベルで共同作業をすることが好都合だった。これらの共同体に異なる埋葬習慣が存在したという考古学上の形跡からすると、定住する「氏」には階層的な社会秩序があり、指導者たちは宗教的・政治的な権力をもっていたと考えられる（したがって、第二章で述べた「まつり」と「まつりごと」には密接な関係がある）。氏神に対する崇敬は、確実にこの新しい社会構造に受け継がれた。たとえば、太陽のカミであるアマテラスは、日本の皇室となったヤマトという氏の氏神であったと考えられる。ヤマトが権力の座につくと、彼らの氏神もまた地位が上昇した。このようなカミの意識は、『古事記』と『日本書紀』に影響を与えている。創造神話で語られる天上のカミは、この初期の氏神に起源をもつと思われる。記紀に現れたカミのヒエラルキーは、おそらく氏の相対的な力関係を反映したものであろう。

氏神のほかに、文字以前の時代においてカミの概念には、他にすくなくとも二つの関連があった。自然がもつ畏怖を喚起する面と、死者の霊である。先史時代における、このような自然界に対する宗教的崇敬は、日本の地勢から説明できる。大まかに言って、日本の自然環境は温和である。日本列島は南では亜熱帯、北では温帯に属し、季節による降雨パターンはきわめて明確で、作物の生育期も予測可能である。耕作可能な土地は広くないが、その大半は溶岩由来の土壌であり、ある種の農業に適している。海では、豊富な魚と海藻がとれる。しかし、日本の自然は気まぐれである。第二章で述べたように、日本はいまだ地質学的に若い火山列島である。そのため、他では見られないほど壊滅的な大地震や火山活動、地滑り、鉄砲水に見舞われやすい。また、南西から北東に伸びる地軸線のせいで、日本は台風の直撃を受けやすい。したがって、環境はおおむね人間の生活維持に適しているものの、ほぼいかなるときでも災害が起こりうる。こうした事情から、先史時代の日本人は鎮魂を必要とする荒ぶる力を信じていたように思われる。そしてそれがつぎに、自然に関連したカミに向けた儀礼につながったのだろう。それはまた、考古学の発掘で守護的な力をもつとされる土偶が数多く出土することの説明になるかもしれない。

さらに、大きな獲物が森林から消えると、人々は山地を離れ、農耕に適した土地のある谷あいの小さな平地に定住し始めた。農耕民たちは山地の森林からますます遠ざかった。雄大な滝、そびえたつ木々、奇岩怪石があり、キツネやアナグマのいる原野は、民間伝承の舞台であるだけではなく、カミのもつ神秘的な、畏れを喚起する力とつながるホログラフィー的な中心地でもある。日本では、こうしたテーマが今日でも『もののけ姫』などの人気アニメに見事に表現されている。前章で述べたとおり、多くの神社は山地あるいは森の中にあって、参詣には町なかから出かける必要がある。

原初的な「カミ」のもう一つの意味は、死者の霊を指していた。古代の来世観（たとえば『古事記』に見られるような）によれば、人は死後、暗い地下の世界である黄泉《よみ》の国に行くと考えた。これはハデスのような、死者がその現世でのおこないにかかわらず行き、永久に朽ち果てる場所なのである。この思想は、前に論じた死のタブーに合致する。このような陰気な来世観からすると、後代の日本文化で死と来世についての思想や儀式のほとんどが、土着の神道ではなく外来宗教である仏教からきているのは驚くにあたらない。文字使用以前の日本では、遺族や友人にとって死者が神道の黄泉の国に永久に住むことになると考えるのは、あまり慰めにならなかっただろう。これに対し、仏教の教義は報奨と罰のシステムとして、極楽と地獄の概念や、生まれ変わりという一般向けの考え方をもたらした。仏教の儀礼は、死後に始まる輪廻に死者がうまく対処できるよう導くものだった。時が経つにつれて、日本では葬送儀礼はますます仏教の領域となっていったのである。

しかし、古代日本の来世観はこれよりもうすこし込み入っている。仏教的な表象と黄泉の国の表象とは別に、今日でも日本のさまざまな民俗信仰や習俗、とりわけシャーマニズムに関係したものがある。それは霊界という概念である。シャーマンが死者と交信する時、あきらかに霊《スピリット》はどこかにいて接触できると考えられる。民間信仰では人間界と交錯する幽《かす》かな領域が存在すると考えている。霊（タマシイあるいは単にタマと呼ばれる）は、ある条件のもとで生者に対して、生者を通じて姿をあらわす。怨霊や化け物、動物と霊のあいだの変化《へんげ》についての民間説話が豊かに描き出しているのが、この二つの領域の相互浸透である。シャーマニズムに関連する伝統を論じるにあたって、当然予想されることだが、この領域はトランス状態や夢といった手段でも近づきうる。その結果として生まれたのが、人間が意図して、あるいは意図せずに霊や神々、天人、鬼、幽霊が住むさまざまな領域を訪れたという伝説である。

この古代の世界観を示す、現存する習俗の例を考えてみよう。本州の東北地方には「恐山《おそれざん》」――文字通りには「恐怖の山」――という有名な山がある。夏の夕方、巡礼者は女性のシャーマン〔イタコ〕を訪ねてこの山に行く。そこに広がるのは見慣れない風景である。かつての溶岩流の跡で、地面からは蒸気が噴き出し、植物もあまり生えておらず、硫黄《いおう》の刺激臭がただよう。死者の世界とわれわれの世界とのどこか途中で、死者の霊に会いたいと思うなら、ここはもってこいの場所である。シャーマンは生まれつき盲目で、最後にはカミとの儀礼的結婚にいたる修行をするのだが、彼女たちは死者と交信する――死者があとに残した遺族と会話する回路となる――能力をもっているのである。

ここで考えてみたいのは、こうした現象が、最終的に啓蒙的な理性によって打ち破られるまでは、長期にわたって信じられてきた迷信であったということである。教養ある日本人なら死者と交信しようなどとは思わないし、恐山を訪れたとしても、それは宗教的巡礼というより、アメリカ人がイエローストーン国立公園の硫黄坑に行くようなものだ、と思う人もいるだろう。だが、第二章で見た山中にある神社に家族で出かけるという例からわかるように、そうした解釈は安易すぎるだろう。私は二人の宗教学者――一人は日本生まれの日本人、もう一人はアメリカ人――から、日本で学生を対象に、「亡くなった先祖に話しかけたこと」があるか、という非公式の調査をおこなったという話を聞いた。彼らの非公式なサンプリングでは（そこは科学技術の研究で有名な、日本でもっとも権威ある国立大学の一つだが）、九〇パーセント以上が話しかけたことがあると答えた。この結果に驚いて、二人はつづけて学生たちに、亡くなった先祖は返事をしたかと聞いた。それに対しては七五パーセント以上が「はい」と答えた。統計的に照合した文脈で、それ以上の考察がなされていないので、こうした回答をどう理解すればよいかという判断は難しい。重要なのは、現代日本の科学教育は、霊界との相互交渉が可能だとする古代日本人の概念を単純に排除したり、それにとって代わるものではないようだということである。

むろん死者との交信は、恐山のような文字通りの出会いというかたちをとらないかもしれない。交信はむしろ、心理的ないしスピリチュアルな追憶——毎年おこなわれる日本の祭りである、「お盆」に広くみられる行動パターン——であるとも考えられる。お盆は名目上、仏教の祭りで、真夏におこなわれ、亡くなった先祖を崇敬し彼らと交信するものである。「名目上仏教」だと言ったのは、この祭りが中国の仏典『盂蘭盆経《うらぼんきょう》』に由来するといわれているためである。『盂蘭盆経』にはインドの経典の翻訳だと記されているが、サンスクリットの原典についてはどの研究者も、存在の証拠も言及も発見していない。純粋にインド仏教的な前提からすると、先祖は死ぬと輪廻のつぎの段階に移っていて、この世あるいはどこかほかの世、つまり現世、天上、地獄などのいずれかに生まれ変わっていると考えるのがもっともである。そのため、『盂蘭盆経』は中国起源のものだという仮説が立てられている。この経典はおそらく、仏教がすでに何世紀も祖先崇拝が確固とした伝統となっていた文化的背景の地へ新たに伝わってから、それに応答するために書かれたものであろう。いずれにしても、この伝統は日本に根付き、盛んになった。

この伝統は日本で発展し（すくなくとも七世紀にさかのぼる）、お盆は生者が亡くなった先祖を宴でもてなす機会だと考えられている。お盆の行事としては、夜に提灯の明かりの下で太鼓の拍子に合わせて輪になって踊る、いわゆる盆踊りが含まれるだろう（ヒットしたハリウッド映画『ベスト・キッド2』のラストシーンを思い浮かべる人もいるだろう）。あるいは、家族が先祖の墓所を訪ねて死者とともに〔ということで〕飲食することもある。先祖を敬う特別の儀式〔法事〕が、家にある仏壇の前でおこなわれることもある。お盆は仏教、神道、儒教のいずれかなのか、あるいは民間信仰なのかと議論することもできるだろうが、それでは論点を見失うことになる。すくなくともこの場合、これらの伝統は内在的関係において重なり合っているのである。お盆の祭りは、生者と亡くなった親族との関係にかかわるものであり、このお盆という儀式化された行動において宗派的な境界は重要ではない。つまるところ、生きている日本人の九〇パーセント以上が神道で、七〇パーセント以上が仏教であるのだから、それが来世で変わるはずがあるだろうか。

お盆は、死者が現世に関与し続けていることの証拠となっているが、それ以外にも、古代から、劣悪な状況下で横死した有力者の怨霊を鎮める風習が見られる。苦悶《くもん》のあまりこの世に戻って生者を脅やかす霊を鎮めるため、カミとしての正式の地位を与え、ふさわしい神社を建立するということがよくあった。こうした神社は、死者の偉大さの記念というよりも、危険な霊を払う魔除けなのであった。そこに存在する死者の霊を鎮めるためであって、生前の死者をたたえるためではない。例えば、八世紀終わりに桓武天皇は奈良からの遷都を決めたが、そのとき最初に選ばれた候補地が、近隣地域にある、現在長岡京と呼ばれる場所である。この遷都には多くの政治的な計画がともなっていた。新都での建設許可を監督することで、造宮使は豊かになり権勢をふるうことができた。その後おこった陰謀で、任にあたっていた貴族の藤原種継《ふじわらのたねつぐ》（七三五～七八五年）が命を落とす結果となった。この出来事に続いておきたのが、種継の暗殺者の一人と考えられた、桓武天皇の弟の早良《さわら》親王が、おそらく暗殺と思われる死を遂げた。[編注1] これ以降、新都長岡京の建設はことごとく難航し、その理由は種継と早良親王の怨霊に帰せられた。そして最終的に桓武天皇は長岡京を放棄し、平安京に遷都した。そして自分への非難を避けるために神社を建て、怨霊の鎮魂と慰霊をしようとしたのである。

恨みの強い霊を鎮めるための神社は、ときに有益な力の源に展開することがある。その例の一つが、京都にある北野天満宮である。この神社は、菅原道真（八四五～九〇三年）の霊を鎮めるために創建された。貴族であった道真は、すぐれた漢学の才のゆえに尊敬を集めたが、政争に敗れ、九州に左遷された。その地で彼は妖術を身につけたとも言われている。彼が左遷先で亡くなった後、地震や洪水が京都を襲ったが、それは道真の霊が怒り狂っているためだと考えられるようになった。そこで朝廷は京都に壮麗な北野天満宮を建立し、九州にも彼のために現在の太宰府天満宮を建てた。すると災害は止んだ。道真は朝廷での最高位である正一位を追贈され、天満天神という神号を贈られた。その後の数世紀のあいだに彼は文学、詩歌、書道の守護神となった。天満宮は日本中に作られ、今日なお日本の若者たちは試験での手助けを願って参詣しているのである。

道真の事例でも、種継や早良親王の事例でも、死者の霊がカミとなっている。しかし一般的なカミと同様、死者の霊のタマは人間にとって有益にも有害にもなりうる。彼らを神社に祀ることとは、死者がもつ、恐ろしい性質と潜在的な力を認識することである。明らかに、タマは――善なるものであれ邪悪なものであれ――持ち主の肉体的な死のあとも、存在し続けるということだ。この現象をどのように理解するかは、いまだに神道の教義のなかでの問題であるが、第五章でこのあいまいさが独特な形で現れた例――東京の靖国神社をめぐる現在の論争――を検証することにしよう。

さいごに総括すると、記紀がカミを天地創造に関係する天上神として扱うより前に、カミにはほかに三つの意味があったという証拠がある。まず、日本が定住の共同体として組織されると、氏神《うじ》は特定の氏の政治的・宗教的リーダーシップに関わるカミとして正式に認められた。おそらく、これらが『古事記』や『日本書紀』で名の挙がった天上神に先行するのだろう。第二に、畏怖を喚起する自然現象をカミと考えることは、太古にまでさかのぼる現象であると思われる。第三に、同様に古いのが、死者の霊がおそるべき力をもっており、カミとして崇めることでその力をうまく利用することができるという思想である。神道の起源についての、このような拡大した文脈を念頭に、本章での議論の始まりとなった典拠《テクスト》、つまり『古事記』(古代の事柄の記録、の意)と『日本書紀』(日本の年代記、の意)に立ち戻ることにしよう。

## 『日本書紀』と『古事記』の関係

八世紀初めに書かれたこの二つの年代記は、しばしば双子の物語とみなされる。そうした結びつけ方があるのはもっともである。たしかにどちらの文章も、日本の起源を記録し、皇室の祖先の系譜をたどるようにという、天皇の勅命により生まれたものである。さらに、『古事記』と『日本書紀』のいずれも、日本が創造される前から、両書が編纂された八世紀初めまでの期間を概観している。しかし両者の強調の置き方は異なる。『古事記』では、日本の起源から六世紀の皇室の支配者たちまでの、神話的で文字以前の時代が詳しく描かれている。これに対して、『日本書紀』には六世紀の天皇たちから編纂の時点までが、さらに詳しく記述されている。この点から見ると、この二つの物語は互いに補い合っている。さらに、重複している個所の多くで『古事記』と『日本書紀』は互いに一致するか、すくなくとも明白に矛盾はしていないのである。そして最後に、どちらのテクストも日本の天皇制を神話的・歴史的に正当化している。いずれも、皇統を天地創造のときの天上のカミまでたどっているのである。しかしどんな共通点があるにせよ、神道的スピリチュアリティとその制度的歴史を理解するにあたって、この二つのテクストの相違点は劣らず重要である。もっとも明らかな違いは、『古事記』はほとんどが日本語で書かれ、『日本書紀』はすべて漢文で書かれているという点だ。このことから、想定された読者が異なっていたことが推測できる。

『日本書紀』の漢文テクストは──その語りの様式と文体、さらに言語自体も──誰であれ、エリートで学識ある東アジアの読者であれば理解しやすいものであった。実際のところ、『日本書紀』は中国の王朝の正史を語りの範としている。したがって『日本書紀』は、外国人に日本文化とその宗教的・政治的基盤について示すのにふさわしい、権威ある文書なのであった。そういうものとして、編纂された『日本書紀』は、より大きな国際的PRキャンペーンの一部だったのである。奈良時代（七一〇〜七九四年）において、日本の朝廷は世界にむけて、主要な文明国の一つになりたいと熱望する姿勢を前面に出した。日本の歴史上初めて、唐の首都長安にならって恒久的な首都が建設されたが、それまでは死のタブーと怨霊への恐れから、朝廷は天皇が崩御《ほうぎょ》するごとに新しい宮城《きゅうじょう》を建設していたのである。八世紀に入ると、日本の朝廷は、みずからを主要な文明国として提示するには、恒久的な宮城があり、幾何学的に配置された広い街路と、方位上適切な場所に置かれた巨大な宗教建造物をそなえた、壮大な首都が必要だと判断した。この事業のために選ばれた場所が奈良である。都市計画の一部として、聖武天皇は当時世界最大の木造建築である東大寺を建立した（今日なお世界最大であるが、現存のものは当初のものよりいくぶん小さくなっている）。東大寺大仏殿の内部には、世界最大（高さ約一五メートル）の青銅製の仏の坐像がある。寺の落慶《らっけい》に際して、天皇は知られうる限りの文明国に招待状を送った。贈物や使者は、はるか遠くのペルシャからも来た。このような文化的な広報の時代にあって、日本がこうした文化的野心や業績に資するような正史を必要としたのは理解できる。『日本書紀』はその条件を満たすものだった。

『日本書紀』の学問的な手法と前提もまた、海外の読者向けのものだった。調査には、さまざまな氏《うじ》の宝物庫に保存されてきた（漢文で書かれた）家伝を編纂することが含まれていた。『日本書紀』の編纂者たちが意を注いだのは、一貫したストーリーを作ることよりも、あらゆる証拠を説明することであった。したがって彼らはときに異説を引いており、創造神話のようなテーマについては、中国の古記録を利用しさえしている。おそらく編者たちとすれば、こうしたことを含めることで大陸の人々が、『日本書紀』のテクストだけでなく、編纂者の歴史家としての教養をも高く評価してくれると考えたのだろう。

これに対して、『古事記』は外国人を感心させようとして編纂されてはいない。おおむね日本語で書かれているが、当時の日本語は書記言語としてのかたちをようやく発達させ始めたばかりで、日本語を読める人は日本人でもほとんどいなかったのだ。『古事記』は、その史料も歴史記述の方法も『日本書紀』とは異なっており、稗田阿《ひえだのあ》礼《れ》という朝廷に仕える語り部が記憶した日本の口承伝統から編纂されたと考えられる。語り部の仕事は、現存するさまざまな口承の物語を収集し、それらを一つの筋の通った話にまとめ上げることだった。それを筆録者が書きとめたのだ。最終的なテクストには、神話的・歴史的な記述だけでなく、古代日本の祝詞や詩歌もが含まれることになった。つまり、『古事記』は少なくとも部分的には、文化保存事業だった。今日の民俗学者や民族音楽学者が、口承伝統が永久に失われてしまう前に記録して残しておこうと努めているのと同じで、『古事記』編纂は、日本の文化遺産を守る手段なのであった。『古事記』は日本人自身のためのものだったのである。

『古事記』の書記体系は、その後の神道の歴史にとって決定的なものとなった。音声言語としての日本語をどのように文字表記するかは、八世紀を通じての問題であった。五世紀末ないし六世紀初めに中国の書物がもたらされるまで、日本には書記体系が存在しなかった。しかし、古典中国語と古代日本語は根本的に関連性のない異質な言語であるため、日本語の表記に漢字を用いるのは、せいぜいぎこちないものでしかなかった。今日用いられているような書記体系が発達するまでには、それから約三世紀かかっている。六、七世紀を通じて日本人が書くときに用いたのはもっぱら漢文であり、日本語ではなかった。しかし八世紀に入ると、日本人は日本語を、漢字を用いた混成的な書記体系で表記しようと試み出したが、その用い方は必ずしも中国と同じというわけではない。こうした試みが急がれた理由は、それまで日本語で口伝えされるか漢文で訳されるかしてきた古代日本の伝承を、文字のかたちで保存したいと朝廷が望んだからである。こうして、『古事記』は自国の言語で書かれた最初の書物になった。ただ、正しい表記法（orthography）の試行錯誤はその後も引き続きおこなわれたため、八世紀に用いられた書記体系はしばしばテクストにより異なっていたり、ときには同じテクストのなかでも違うことがあった。ようやく九世紀になって、現在の書記体系――〔五十音図のような〕音節表（発音だけを示す）と漢字（概して意味と発音を示す）を組み合わせたもの――が発達した。しかし、書記体系が完全に標準化するまでのあいだに、八世紀初めの日本語の表記には、あまりに時代遅れとなって忘れられ、相当な部分が教養のある者にさえ理解できないものになっていたのである。『古事記』は、古い表記法がどれほど突拍子もないものだったかということの、格好の例となっている。とくにいらいらさせられるのは、このテクストの書記体系がその本文の中でさえ不統一だということだ。『古事記』には、通常の漢文で書かれた部分（『日本書紀』

のように）がある。その一方で、漢字が表音文字のように用いられている箇所もある。つまり、書き手は漢字から中国語としての意味を取り去り、日本語の音にほぼ近い中国語の発音だけを残した文字として用いたのである。この他に、一つの漢字が日本語の言葉と意味が等しいと考えられて、その日本語の言葉が全てその漢字だけで表現されることもあった。さらにもっと厄介なことに、『古事記』にはこうした取捨選択が混在して用いられている箇所がある。その結果、日本人であっても『古事記』全巻を読もうとするなら、単にテクストを読むのではなく、暗号として解読せざるを得なくなった。他の日本語や漢文のテクストを読む能力があり、さらに同じ八世紀の文献が読めたとしても、必ずしも『古事記』を読めるということにはならないのである。

『古事記』の書記体系が特異なものであったこと、中国の文物に対する憧れがまだ強い時代に登場したこと、読むに耐える漢文で書かれた類似のテクストが利用可能だったこと、という理由から、『古事記』は十八世紀にいたるまでほとんど世に知られない存在であった。『日本書紀』のほうが頻繁に引用され、権威のある記述となったのである。要するに、『日本書紀』は東アジアの知的エリートの言語（漢文）で書かれ、日本史上の新しい年代の出来事をより詳しく扱っている。その語り方は神話的というより学問的あるいは歴史的な感じを与え、皇統を確立し、皇室と天上のカミとのつながりを明確化するには十分であった。さらにおそらく、すべての重要な点について、『日本書紀』は『古事記』と基本的に一致していることを前提にしていたと思われる。この二つのテクストの言語、歴史記述、読者層、表記法を比較したところで、こんどはその内容に入ることにしよう。

この二つの年代記によれば、天上のカミは人間が存在する以前、さらにはわれわれが知る大地が存在する以前から、天上の平原ないし平地〔高天原〕に住んでいた。カミ自身にも系図がある。記紀の記述には、彼らは全能でも全知でもないとある。人間によく似た個性があり、美点だけでなく弱点もある。古代の物語によれば、神々のあいだの小競り合いはときに物質界に間接的な悪影響を与えた。たとえば、嵐のカミであるスサノオは彼の姉である太陽のカミ、アマテラスをしばしば愚弄した。あるとき、その結果として、『古事記』で述べられているように、アマテラスは機嫌を害して洞窟に閉じこもってしまい、太陽がいなくなったことで空は真っ暗になった。他のカミたちはアマテラスを洞窟から出てこさせようと相談した。彼らはアマテラスが隠れている場所の外でにぎやかな宴を開いたが、それは彼女が楽しいことが好きで好奇心から外をのぞくだろうとわかっていたからである。彼女がのぞくと、神々は鏡を使い彼女自身の光り輝く姿を映して見せた。アマテラスはもう一人太陽のカミがいて自分にとって代わろうとしていると思い、嫉妬に駆られて洞窟から姿を現したところを捉えられ、結局はおだてられて外に留まることになった。したがって、アマテラスの名の通り、「天の輝き」が戻ったのである。

注目すべきは、アマテラスの弟スサノオは、短気で暴力的に見えるかもしれないが、邪悪な人物ではないということだ。前述のケガレと清めについての議論で示唆したとおり、古代神話においてさえ神道は必ずしも善と悪との争いを強調してはいない。実のところ、スサノオはむしろ厄介で未成熟な非行少年に近い。彼は姉の神殿のなかで脱糞し、さらには皮を剝いだ若馬を投げ入れてケガしたのである。天上のカミは深刻な問題を起こしうるが——何と言っても、スサノオのいたずらのせいで世界が闇に閉ざされることになったのだが——、神道の神話には他の多くの宗教に見られる善と悪との宇宙的な闘争が欠けている。さらに、天上のカミと人間との関係は、西洋の神話によく見られるような伝承とは異なる。天上のカミは人間と異なる存在の集団ではない。両者はいずれも共通した系譜の一部なのだ。こうして、日本では道真のような人間がカミとなりうるが、ギリシアではしばしば、神のようになろうとした人間は罰せられる。神道では、人に純粋なマインドフルな心があれば、カミは自らのなかに見出される。ひとりの個人（人間）が別の個人（カミ）と関係を築くというのではない。むしろ、人間がホログラフィー的焦点、つまり家のように感じられる、畏怖を感じさせる神秘への入口に入るのである。この家とは、共通のタマを分かちもつカミと人間からなる、大きな一族の家庭である。全人類は、歴史的に見て最終的には、世界を創造した天上のカミの神秘的な力にまでさかのぼるにもかかわらず、こうした内在的なつながりとの接触は簡単に失われてしまう。しかしケガレのない「こころ」があれば、人間はこの入口を通ってつながりを取り戻し、そこにつねに存在してきたカミと人間との結びつきを経験できるのだ。神道のこうした入口は、どこか他の場所ではなく（オリンポス山のような場所でもなく、あるいは日本神話の高天原でさえない）、人がこれまでずっといつづけてきた場所へとつながっているのである。それはわれわれ一人一人に反映しているスピリチュアルな全体のなかにある。このような理解は、たとえば神と人間についてのギリシア的な観念からすれば、きわめて異質なものだろう。

また不思議なことに、天上のカミは古代ギリシアの不死の神々よりも傷つきやすい。記紀が語るところでは、イザナミは火の神を生むときに火傷を負い、死んで地下の黄泉《よみ》の国へ行き、そこで身は朽ちることになる。この出来事はイザナミをギリシアの女神より半女神に近いものにしている――つまり、彼女は神でありながら、人間と同じように死んで死後の世界に入るのである。ここから言えるのは、神と人間という二分法は神道では絶対的なものではないということだ。さらに言えば、カミ一般と同じく、スピリチュアルでありかつ物質的である。彼らは身体性を欠いた純粋なタマではなく、ミないしモノとしてのタマという、分割不可能な物質的かつスピリチュアルな姿をした存在なのである。アマテラスは、馬車に乗り太陽を引いて大空をわたるアポロンのような、目に見えない神ではない。アマテラスは実際の太陽そのものなのだ。太陽は、物質的でありスピリチュアルな現実である。このことから、つぎにカミとしての天皇・皇后という議論に入ることにしよう。

## 天皇制の正当化

研究者はしばしば、『古事記』と『日本書紀』が天皇家の支配権を宗教的・哲学的に正当化したと指摘する。しかし、この見解は文脈のなかで理解する必要がある。七、八世紀を通じて、以下の三つの正当化の方法が生じた。神道にもとづく原理的説明に加え、儒教、仏教にそれぞれもとづいた説明である。実際のところ、少なくとも文字による表現に関して言えば、神道にもとづく正当化は公式になされたものとしては最後であった。したがってまずはそれに先立つ、神道以外の説明において、天皇家の独特の権威がどう論じられているかを見ることにしよう。

儒教的な正当化については、日本最初の「憲法」の表現のなかに間接的に言及されている。この十七条憲法は、聖徳太子憲法とも呼ばれ、六〇四年に発布されたとされている。この文書は漢文で書かれており（当時の日本の他のテクスト同様）、天皇による統治の説明にあたって、ときおり儒教の語彙を用いている。たとえば「天」「礼」「和」「孝」などである。中国における儒教による皇帝支配の正当化は、こうした漢文テクストを読める者には周知のことなので、儒教的な議論全般は、解説というより示唆するにとどめられている。中国における儒教理論の一般的な論点は、皇帝あるいは皇后が天と直接に結びついており、天道に従って統治する、というものだ。したがって、統治者は上にあるもの（天）と下にあるもの（大地と人民）とを結びつける存在（天子）となる。国家の調和は、上と下とのバランスのとれた融合から生じる。上にある者は下に配慮し、下にある者は上にある者を敬い忠節をつくす。皆が――統治者も人民も等しく――その地位にふさわしく行動すれば、国家は栄えるのだ。

しかし、こうした儒教の国家イデオロギーは日本の文脈に入る際、変更を余儀なくされた。とくに注意すべき違いは、つぎの二つである。まず、儒教の国家イデオロギーでは、もし皇帝もしくは皇后が君主としてふさわしくない政治をすれば、王朝は天のもたらす調和のあり方と一致しなくなる。したがって無秩序が生じ、人民は道徳的義務として、真正ではない統治者を打倒しなくてはならない。ところがそうした考え方は、日本では十七条憲法でも、また当時の他のいかなる文書でも、わずかな言及すらない。要するに、日本の十七条憲法は中国儒教の理想的君主像を選択的に取り入れたのであり、そのまま受け入れたのではなかったのだ。二つ目の違いは、日本人がつけ加えたものである。典型的な中国儒教の国家理論とは異なり、この憲法は国家の調和を官吏一人一人の心理的内省にはっきりと結びつけた。官吏は自らの個人的な動機を深く考えるように求められたが、それはエゴイズムの痕跡を排除するためであった。これは仏教の影響である。注目すべきは、十七条憲法の第二条が仏教に国教としての地位を与え、日本人に「三宝《さんぽう》」、すなわち仏、法、僧を崇敬するようはっきりと命じていることである。それでは今度は、仏教の宗教的原理が日本の天皇制においてどのような役割を果たしたかを簡単にふりかえってみよう。

この憲法は聖徳太子の指導の下で書かれたとされているが、太子は叔母の推古天皇やその他の多く蘇我《そが》氏一族と同様、熱心な仏教徒だった。また、太子がインドの仏典『勝鬘《しょうまん》経《ぎょう》』の注釈に関係していることは重要である。勝鬘夫人《ぶにん》は（推古天皇が日本の女性君主であったのと同様）インドの女性君主で、その統治において仏教の悟りと慈悲の双方を体現していた。仏教国の君主として、彼女はすべての階級にたいして慈悲と公平という理想を守ったのである。このテクストを重視することで、聖徳太子はあきらかに、彼の叔母である日本の推古天皇の慈悲深い統治との類似点を示そうとしたのである。このことから思い出されるのは、仏教的な内省という点である。仏教が日本文化にもたらしたのは、精神状態、行動習慣、深層にある心理的動機などの働きを認識することであった。仏教の自己修練のシステムには、修行者が自己中心的な衝動を認識し、その衝動を助長する習慣——身体的、心理的な——を止めることで根絶することが含まれる。このような内省への言及は、十七条憲法の条文のいたるところにみられる。要するに、この憲法が主張するのは、君主と廷臣たちが仏教の美徳にそって行動するならば、自己中心主義は消え、国に調和がもたらされるということだ。勝鬘夫人のように、信心深い仏教徒の君主が範を示せば、すべての人が仏教という道を歩んで調和に到達するための理想的条件を設定することができるだろう。

少なくとも理論上は、この憲法はこうした仏教的な内省と自制を義務とし、日本が彼の叔母推古天皇のような仏教徒の君主の庇護下にあるべき理由を正当化する、より大きな枠組みへと統合したのである。

というわけで、『古事記』と『日本書紀』ができるまでには、儒教的・仏教的な国家イデオロギーはすでに存在していたのだ。『古事記』と『日本書紀』の目的の一つは、叙述を明確に神道的な原理で満たすことであった。神道の物語によると、カミは三つの手段によって世界を創造した。まず意図的に、原初の混沌状態にかたちを与えることによって。次は偶発的に、単為生殖によって。そして三つ目は性的に、子を生むことによって、である。この物語がもつ、政治的にきわめて重要なメッセージとは、太陽のカミであるアマテラスが日本の創造と統治の最終段階を担当したということである。ついで彼女は、孫のニニギを派遣して日本を統治させ、ニニギの曾孫の神武天皇が、神話上最初の天皇となることになった。物語によれば、それ以来、現在に至るまで天皇あるいは皇后の家系は連綿と続いていることになる(中国とは違い、日本では公式見解として、今日でも、天地創造以来同じ家系が一貫して皇位に就いてきたとされている。日本にはひとつの「王朝」しか存在していないわけだ)。したがって、このような天皇の統治についての神道的イデオロギーによれば、日本の君主が支配するのは、創造をおこなった天上にいるカミ、とりわけアマテラスとの、直接の家系にあることに由来することになる。このカミとの親密な関係は、天のもたらす型と一致することで君主は統治するのだという、儒教的考え方を損ねるものである。日本においての統治者としての地位を確立するのは、神聖な血のつながり（最終的にはタマのつながりと結びつく）であって、この地位は業績評価の対象にはならない。したがって、神道の教義によれば、天皇に対するいかなる反抗も決して正当化されない。もちろん、すべての人間があるのはカミのおかげだが、しかし一方で、日本の皇室はホログラフィー的な焦点でもある。皇室を通して、日本人は自分とカミとの内在的なつながりを発見できるのだと考えられている。天皇あるいは皇后は、皇祖皇宗のタマを分かつことで、すべての日本人の――さらに言うならば全世界の――先祖のタマを分かちあうことになるわけである。

その歴史の大半において、日本人は天皇の権威に対する儒教、仏教、神道の三つの正当化を、相補的であると考えてきた。天皇はたとえば、仏教の実践をしつつ、神道の中心的祭司として祭儀を執りおこなうことができた。一つ例を挙げれば、聖武天皇は八世紀半ばに日本が展開した国際的な宣伝活動を支えた天才だったが、自らが奈良の東大寺に作らせた大仏の前で、在家の仏教徒として五戒を受けさえした。[編注2] そうすることで彼は、自らの実践をつうじて神道と仏教が反目するものではないと主張したのだ。さらに言うと、日本では、儒教的な天命への従属を天皇は決してしなかったが、天皇の下にある日本人は皆、貴族や官吏を含めて、天皇への完全な忠誠を含んだ、儒教的規範に従って適切な行動をとることを求められた。しかし、この忠誠にも神道の物語の影響が浸透している。中国における伝統的儒教は、臣下の君主に対する忠誠と、子の親に対する孝とを区別した。ところが日本の場合は、天皇への忠誠という問題、カミと人のあいだの親密な関係が忠と孝の二つを一つにしてしまう。日本の天皇あるいは皇后は、ヒエラルキーにもとづく政治的な君主であるとともに、「日本人という家族」の長なのである。つまり日本人の理解では、天皇にたいする忠誠それ自体が孝の最高形態となるのである。

儒教、仏教、神道の国家イデオロギーの相乗作用は、象徴的なレベルでも働いた。十七条憲法で言及された「天」という漢字は、太陽のカミであるアマテラスの名の「アマ」にあてたのと同じ中国起源の文字を使っている。さらに、憲法の第一条は「和」の重要性を強調しているが、この「和」という語は当時日本の通称として用いられていた。[編注3] つまり多義的な性格をもつ「和」という語は、儒教における調和の意味と、新興国家としての日本の双方を指すのである。このような語彙を用いることで、十七条憲法は儒教的理想と日本固有の理想とを混淆することができた。

このようなシンクレティズムのさらなる例を、聖武天皇による東大寺建立の詳細に見ることができる。聖武天皇は、建立に先立って伊勢神宮に勅使を送り、アマテラスの承認を得ようとしたと言われている。ついで天皇は「偉大なる太陽である仏」、毘《び》盧《る》遮那《しゃな》仏《ぶつ》を東大寺の本尊、[編注4] 究極的には国家の本尊とすることを決定した。さらに、同じ東大寺で自身が在家の受戒をしたときには、戒名として毘盧遮那仏の別名の一つを選んでいる。[編注5] あきらかに聖武天皇は神道と仏教双方の太陽の象徴を用いて、自身の統治にさらなる権威を与えたのである。

　要約すると、八世紀において天皇による統治のイデオロギーは発展し、皇位は儒教、仏教、神道という日本の宗教哲学全体を反映するホログラフィー的な焦点となった。日本文明の展開につれて、儒教的システムが政府の制度と、朝廷と天皇・皇后の下にある官吏にとっての行動規範を含む、政府の法制度を支配する傾向が強まった。仏教は、精神的な内的生活と個人的修練を重視するよう説いた。つまり、統治者は民衆に慈悲を施し、万民に対して公正を期さねばならず、忠良な臣民は仏教の信仰を通じて、国家の調和の実現に自我にとらわれず取り組まねばならないということである。天皇制の宇宙論的・家系的側面を正当化するために、さまざまな神道的要素が強調されたが、その多くが『古事記』と『日本書紀』の物語のなかに埋め込まれている。これら二書は、それぞれ血統の神話を神道に与えるとともに、カミが皇室経由で直接日本につながる神的存在であるという、宇宙論的体系を描き出しているのである。

　このような古代における神道の展開のなかに、本質主義的な神道的スピリチュアリティが（ほとんど唯一に近い）国教として確立した理由が見てとれる。そうしたイデオロギー的議論が、日本人のあいだに広がった理由を容易に想定できるのだ。それはつぎのようなものになるだろう。

『日本書紀』と『古事記』で説明されているように、あなた個人が存在し、あなたの世界が存在しているのはカミのおかげである。こうして依存していることから、あなたはカミと内在的な関係にある。歴代の天皇と皇后は、これらのカミたちの直接の子孫であり、彼らの特別な役割からすれば、彼らを通して、あなたはカミとのつながりに接するのである。だから、日本人であるなら神道信者でなければならない。神道信者なら、天皇・皇后とそれに仕える政府に絶対的忠節を尽くす義務がある。

この章の冒頭で提示した、神道の標準的な説明からすれば、こうした議論は強制的に作られ、本質主義的な神道的スピリチュアリティがそれ以後、日本で優勢となっていると考えられるかもしれない。そうした本質主義的な神道的スピリチュアリティでは、人が生まれながらに神道信者であるのは、その存在自体が天上の創造者であるカミから流出したものだからだと主張するだろう。このような形而上学的本質を前提とするなら、神道は、人がとるべき行動をあらかじめ規定する立場にあることになる。その主張とは、天皇による統治を否定することは、神道信者でなくなること、本質的に日本人でなくなること、もしかすると人間でさえなくなるということなのである。神道による天皇支配の正当化は、事実上、日本において西洋の王権神授説に等しいものと言えるのである。

しかし、これは現実に起きたことではない。実際には、ここで理論上のものとして提示したような議論は、その後、千年にわたっていかなる目立った影響もあたえなかった。予想に反して、規範となったのは本質主義的というより実存主義的なほうの神道的スピリチュアリティであった。いったい何が起きたのだろうか。それが次章で扱う主題である。続いて神道の展開における第二の決定的な時期について考察してみよう。

編注1　早良親王は種継暗殺で連坐し、流形の途中で絶食して死去、憤死したと伝えられる。
編注2　聖武天皇は出家して鑑真から菩薩戒を受けたと伝えられる。
編注3　伝統的通称は「倭」。
編注4　前注2を参照。
編注5　聖武天皇の戒名は「勝満」だが、これを「毘盧遮那仏の別名」とする出典は確認できなかった。

# 第四章　奈良から宣長へ（七九四〜一八〇一年）——道を示した人々

前章では、神道の進展における最初の段階を検討し、その展開のさまざまな文化的、宗教的、哲学的、政治的特徴をとりあげた。神道に関わる土着のスピリチュアリティの大部分は、第一章と第二章で分析した現代の神道的スピリチュアリティのあり方とあきらかに一致している。それは、たとえば、自然の力や霊、神性、亡霊、その他の神秘的な現象と共鳴すると断言する地域のカミや聖なる場所、清めの儀式を重視するのである。原始神道は、カミとタマに満たされた世界に全面的に加わっていた。しかしすでに見たとおり、日本では国家としての統合が進むにしたがって、皇室を中心とする中央集権的な政治機構が発達した。八世紀までには、神道の物語と象徴が天皇の権威を支えるために用いられ、本質主義的な神道的スピリチュアリティが支配的になろうとしているかに思われた。しかし状況は変化し、より一般化したのは実存的なあり方の神道的スピリチュアリティであった。むろん、本質主義的な神道的スピリチュアリティが消滅したわけではなかったが、いくらか地域的、散在的な現れ方をした以外は、ほぼ活動を停止していた。その成長を阻害した主な対立要因は、密教が日本にもたらされ、それによって仏教と神道の習合が促進されたことである。

## 仏教と神道の習合《シンクレティズム》

六世紀に仏教が日本に伝来したころ、日本は文字を使用し始めたばかりだった（この時代、文字を使うとは漢字を用いることだった）。すでに論じたように、神道あるいは「原《プロト》神道」（仏教との接触以前の神道をこう呼ぶことができるだろう）は、概して言うなら土着のアニミズム的な自然宗教であった。書かれたテクストもなければ、哲学的伝統もなかったのである。実際のところ、その神話物語さえおそらくは地域ごと、氏《うじ》ごとに異なっていた。これに対して仏教は、日本に渡来するまでに千年以上にわたる哲学的展開をインド、中国、朝鮮半島でとげていた（なお、チベットや東南アジアで発展した仏教は、〔この三国と比べると〕日本に目立った影響を与えていない）。また仏教は、一緒に建築や絵画、彫刻、音楽のほか魔術や奇跡を連想させるきわめて複雑な儀式をもたらした。仏教における瞑想の実践と理論は、日本人に内的自己と心理的動機に関する豊かな洞察を教えた。このような文化的な優越性からすれば、仏教は当然、キリスト教がイギリス諸島のドルイド教を圧倒したように、ただちに神道にとって代わったと思われるかもしれない。しかしそうはならなかった。仏教は間接的に、古代神道の価値観や実践の多くを残す助けとなったのである。だがその過程で、神道的スピリチュアリティに生じた本質主義的傾向をいくらか回避させてもいる。この過程をもっと詳しく検討することとしよう。

数種の仏教の宗派が日本に渡来したのは、六世紀から八世紀にかけてのことである。そしてすでに見たとおり、聖徳太子や聖武天皇のような政治的支配者が、それを利用して自らの政体を維持した。聖徳太子は、そのために儒教と仏教の教義を習合させたし、聖武天皇はもっぱら、仏教と神道の象徴を結びつけたのである。つづく数世紀における神仏習合を理解するには、聖徳太子と聖武天皇による総合《ジンテーゼ》の戦略が、どう異なっていたかに注意する必要がある。聖徳太子の十七条憲法は、仏教と儒教のあいだに外的な関係を打ち立てることによって総合させた。この二者は、それぞれ異なる領域の権威を割り当てられることで、アイデンティティと自立性を保った。すでに見たように十七条憲法は、一方では、廷臣や官吏が守るべき社会的・政治的行動を儒教的用語で規定した。他方では、仏教の原理や実践を用いて内的意識を発達させ、自我を抑制するよう主張した。あきらかに儒教と仏教は、自我にとらわれない仏教徒が儒教の礼節に従うことに反対しないかぎり、互いに補い合うものであった。そればかりでなく、この補い合いによって、儒教的側面は完全に儒教的なまま、仏教的側面は完全に仏教的なまま残ることが可能になる。一方の伝統は、もう一方の伝統によって侵食されず、それぞれに独自の勢力範囲を与えることでその境界が決定された。あたかも、聖徳太子が外来の伝統である儒教と仏教とのあいだに、契約ないし条約を結ばせようとしていたかのようであった。

しかし、その一世紀半後に聖武天皇が仏教と神道を混合させたときには、その総合は両者の内在的な関係をはぐくむものだった。彼はこの二つの伝統で、象徴の体系、すなわち太陽をめぐるスピリチュアリティが重なり合うことを発見していたのである。神道の立場からすると、このスピリチュアリティは太陽のカミ、アマテラスにある。これは聖武天皇にとってはとりわけ重要であった。というのも（わずか数十年前に書かれたばかりの）『古事記』と『日本書紀』が、アマテラスと皇統とのあいだに家系のつながりがあることを公式に宣明していたからである。神仏習合の仏教の側からすると、聖武天皇は、奈良仏教を代表する宗派である華厳《けごん》宗が「太陽の仏」を全宇宙の基本的なスピリチュアルな原理ととらえていることを知っていた。サンスクリットの名前（マハーヴァイローチャナあるいは単にヴァイローチャナ）は、日本語では〔漢訳経典を通じて〕さまざまに音訳されることもあれば〔毘盧遮那仏《びるしゃなぶつ》や盧遮那仏など〕、「大日《だいにち》」と翻訳されることもあった。すでに見たように、八世紀半ばに奈良の東大寺を建立したとき、聖武天皇は寺を華厳宗に譲渡し、巨大な青銅製の大日如来の像を鋳造し、同じ仏の別名の一つを戒名として在家の受戒をしている。[編注1]つまり聖武天皇は、彼自身の人物と実践によって、仏教と神道に共通する象徴的立場を体現したのである。結果として、彼は自分自身を仏教と神道が交錯するホログラフィー的入口としたのだ。このような方策によって、聖武天皇は、太陽のカミの直系の子孫として神道の中心的祭司になると同時に、受戒した在家仏教徒でもあることができたのである。しかし、象徴的操作と儀式的しきたりを通じた総合は哲学的議論と同じものではない。しきたり《プラクシス》の正当化――なぜそれが機能するかという理由の説明――は「メタプラクシス」として知られる哲学的な企てである。聖武天皇による総合は、なぜその総合が有効なのかというメタプラクティカルな問題を残した。アマテラスについての神道の語り方は、大日如来についての仏教の語り方とは完全に異なったものだった。では厳密にはどんな意味で、両者が同じであると考えられたのだろうか。必要だったのは、神道と仏教が両立可能であるという主張を裏づけるための哲学的議論である。しかし哲学的議論となると、神道は仏教や儒教に比べて明白に不利であった。仏教と儒教には、「インドと中国という」大陸での千年以上にわたる教義上・経典上の発展があった。神道は日本土着の諸宗教の派生物の一つであったし、日本自体が、聖武天皇の時代でも文字が使用され始めてからまだ三世紀たらずであった。さらに、使用される文字は儒教と仏教の規範言語である漢文にほぼ限られていた。日本語で書くことは、ようやく数十年前、『古事記』の編纂によって始まったばかりだったが、そこで用いられた表記法は、ごく控えめに言っても扱いづらいものだった。だからもし、神仏習合をメタプラクティカルに正当化するのだとしても、それが神道にもとづくものになる可能性は低いだろう。というのも、仏教にはたしかにこの習合を実現できるだけの既得権があり、それに必要な知的資源を意のままに利用できたのだから。このことがとくに当てはまるのが、九世紀初めである。その当時、新しいかたちの仏教が日本にもたらされ、大きな影響を与えた。それがすなわち密教である。

## 神仏習合における密教の役割

密教《エソテリシズム》は、平安時代（七九四〜一一八五年）に盛んだった二つの仏教宗派、真言宗と天台宗の〔教義の〕中核であった。真言宗は密教のみの宗派で、空海（七七四〜八三五年）によって開かれた。これに対して天台宗は、最澄が開いた宗派で、数多くの仏教教説が壮大に総合された一部として密教が含まれていた。奈良時代末までに、いくつもの仏教宗派が日本に伝来したが、大体において、そのなかで完全に自立した宗教教団となったものは一つもなかった。つまり、真言宗と天台宗は日本で明確に独立した宗派として栄え、発展した最初の存在だったのである。さらに、この二宗派はいずれも、神仏の総合する形を発達させた。真言、天台の両宗派とも、奈良から京都（平安京）への遷都の頃開創された。成功の理由の一つは、密教が古代日本のスピリチュアリティと共通の、主要な〔教義的〕条件をもっていたことである。密教は、〔インドから中国にかけての〕大陸で何世紀にもわたって教義と実践を発達させてきたので、原始神道のスピリチュアリティに、明らかに仏教的な装いをした、成熟した哲学上の正当化を行う独自の位置にあった。それでは、古代神道の世界観と密教の世界観とが交差する三つのポイント——真言宗と天台宗が利用できた類似の領域——を考察することにしよう。

まず、原始神道でも密教でも、世界はスピリチュアリティに満ちていて、スピリットと物質とのあいだには明確な区別はないとする。一方で、神道は世界の本性を、カミに満たされタマに活気づけられたものであると主張する。他方で、密教の理解によれば宇宙《コスモス》は宇宙〔の真理そのものである〕仏（サンスクリットでダルマカーヤ、日本語で法身《ほっしん》）が自らを表現する活動なのである。宇宙〔の真理である〕仏は宇宙の創造主ではなく、宇宙そのものである。仏教では、「人格」（"person"）は相互依存的な活動と過程によって定義され、その背後に他から孤立した本質ないし魂は存在しない。したがって、宇宙が相互に関連しあう連の過程であるなら、仏教的な意味では宇宙を「人格的」（"personal"）だと考えるのはやや飛躍がある。つまり世界はこの宇宙的な仏の「身・口・意」なのである。華厳宗と同様、真言宗ではこの宇宙的な仏を「大日〔如来〕」、すなわち「大いなる太陽」の仏と人格化して名付けている。つまり奈良の東大寺にある仏像のことである。前述したように、聖武天皇はすでに大日如来を神道の太陽のカミ、アマテラスに正式に結びつけていた。したがってこの点で、この二つの伝統はすでに共通の地盤を共有していたのである。

第二に、仏教と原始神道はいずれも、純粋でマインドフルな心に強調を置く。神道では、これは第一章で論じた「まことのこころ」となる。密教はふつう大乗仏教の一宗派と考えられるが、その大乗仏教が強調するのが、「ブッダの（あるいは悟りを開いた）マインドフルな心」を達成ないし理解する能力である。実際問題としてこのことが意味するのは、自己中心的な欲望や習慣を排除すれば、誰にでも悟りは可能だということである。密教では、悟りにいたる修行には秘儀が含まれる。真言宗と神道でしきたりは異なるが、詠唱や身振りのような反復的な精神的・身体的行為に重点を置くという類似性があった。したがって、自らの儀式的実践の根拠となる仏教理論――真言宗のメタプラクシス――は、多くの神道的実践に順応して包含することができたのである。たとえば原始神道と密教のいずれにおいても、声にして発せられたある種の音ないしことばには、変容させる力を含むという前提に立っている。これを密教では「言葉〔と真理〕の神秘的な親密さ」を意味する「語《ご》密《みっ》」、神道では「言葉の霊《スピリット》」である「言霊《ことだま》」と呼ぶ。この前提は、密教での真言《マントラ》、神道での祝詞《のりと》という実践の特質をなしている。空海はその真言宗の理論において真言の使用を正当化しているが、その際に宇宙《コスモス》と小宇宙《ミクロコスモス》の「反響」について形而上学的な議論をおこなっている。空海によれば、宇宙（すなわち大日如来）が真言を唱え、それに修行者の詠唱が調和することで、「ことばの神秘的な親密さ」が達成されるのである。神道の思想家は、進んで真言宗の説明を翻案して、神道の祈禱文（祝詞）にある聖なることばの働きを、メタプラクティカルに説明することができるようになった。仏教の真言と神道の祝詞で、前提することとしきたりが類似していることから明らかなのは、修行者の悟りを開いた心、あるいは純粋なマインドフル・ハートの重要性である。どちらの場合も、修行者は全体論的な聖なる神秘に浸透するとともに、浸透される。理想的な修行者は、全体を包含する部分なのである。声にして発せられるしきたりはホログラフィー的入口となり、世界との共鳴を反映する。要するに、密教は自身の実践を（仏教的なメタプラクシスを展開するなかで）哲学的に正当化することによって、言霊と祝詞に関する神道的しきたりにも同様にうまく機能しうる哲学的理解を、日本にもたらしたのである。

さらに、第三の共通点がある。密教と原始神道のどちらも前提にするのが、聖なるものは天上の神々しい存在（deities、神道ではカミ、密教では天上の仏・菩薩）をとりうるということである。それによって、二つの伝統における神格が権化《ごんげ》として相関しあうことが可能になった。すでに論じた通り、聖武天皇は自らを大日如来とアマテラスの双方に結びつけた。この相関関係をつくるプロセスは、最終的にすべての主要なカミと天上の仏・菩薩へと拡大された。さらに、密教も原始神道も、聖なる神秘が天上の神格に限られるとは考えていなかった。この世のどんなものも——たとえば自然の存在も——聖なるホログラフィー的入口でありうる。前述のように、神道は自然物をカミと同一であるととらえる。真言宗の開祖である空海が展開した中心的原理は、「あらゆる現象は——宇宙的な仏（大日如来）の活動として——真理を説く」（「法身説法《ほっしんせっぽう》」）というものであった。天台宗では、同じ概念を別の表現で顕教的に述べており、「仏性《ぶっしょう》」は無生物（非情または無情）さえも含めた一切の生きとし生けるもの（有情）にあるとしている。このような重なり合いにもとづいて、仏教と神道（すなわち、「原《プロト》神道」が「仏教以後」に展開したものとしての「神道」）は、互いの内在的関係のなかで平和的に共存しえたのである。

神仏の総合が、どのように聖武天皇が行った太陽の象徴の単純な交換を超えたものとなったかを理解するために、天上の仏とカミとの融合を説明したメタプラクティカルな理論を検討してみよう。真言宗の空海や天台宗の最澄のような、初期の日本密教の思想家が暗黙に前提にする思想にもとづいて、密教は十世紀において、天上のカミを天上の仏や菩薩と同一視する議論を体系化した。この理論は「本地垂迹《ほんちすいじやく》」と呼ばれた。この「本地垂迹」説のもととなっているのは、宇宙は実際には宇宙的な仏の活動であって、われわれが宇宙と考えているものはすべて、この活動の象徴的表現にすぎないという思想である。したがって、さまざまな仏と菩薩はすべて、ほとんどこの仏からの流出《エマネーション》のような存在で、究極的には単一の宇宙的な仏の象徴的表現であると言ってよいものである。密教にとって、根本の実在（本地）は仏で満ちているが、この本地の痕跡（垂迹）ということで、カミで満ちた神道の信仰の世界を与えている。この論証によれば、さまざまなカミはより深いレベルの実在として存在する仏が表面的に顕現したものである（さらにこれらの仏自身も宇宙的な仏から流出したのである）。したがって本地垂迹説とは、いかに普遍的（仏教的）実在が日本的（神道的）実在としてローカル化されるかということの説明となったのである。これは、宇宙全体が一つの宇宙的な仏であり、われわれが知る世界はこの仏の活動の発露だという、より伝統的な密教信仰と完全に一致したものである。密教では曼荼羅《まんだら》を用いて、すべての仏が宇宙的な〔根本〕仏（ふつう大日如来とされる）から流出しているさまを描いている。本地垂迹説に合わせて、いわゆる垂迹美術では、仏に代えてカミを描いた類似の曼荼羅が発達した。それはふつう、アマテラスが大日如来に代って曼荼羅の中心となり、その結果、全てのカミがアマテラスから流出していると示唆することになる。つまり、密教の理論は、伝統的な神道の信仰と融合する傾向があるが、その方法は、より広汎な仏教的世界観のなかで、神道を知的に同化させ、顕現――ただし唯一の顕現――とするというものであった。

中世日本では、このような仏教による神道の吸収に対して、神道からの反駁がみられた。しかし、ただ優先順位を変えただけのものであったため、反駁のほとんどは無駄に終わった。つまりその主張は、カミが根本で仏はその顕現にすぎない、というものだったのである。このとりくみには二つの問題があった。まず、当時すでに仏教への同化は十分に確立していたので、伊勢のように主要な神道の中心地の学問所の外に、勢力をほとんど獲得できなかった（伊勢は、こうした主張の代表者である度会《わたらい》神道の思想家の本拠地であった）。第二に、本地垂迹説の背後にある流出のモデルが、宇宙的な仏に関する仏教の長い伝統に沿ったものであるのに対して、古代神道にはそれに匹敵するだけの流出の理論はない。たとえば、『日本書紀』や『古事記』にはそれに類するものはなく、少なくともはっきりとは存在していない（ただ、ある意味で類似した感覚はあり、第五章の平田神道についての議論に直接関わる点がある）。したがって結局のところ、このような神道の議論は、逆説的なことに仏教の理論に依拠して神道は仏教よりも根源的だとする主張を正当化したのである。具体的に言うと、アマテラスが大日如来と同一であるということだけで、神道はアマテラスからすべてのカミが流出する曼荼羅を正当化することができる、というわけだ。このような実践を正当化しうるような、土着の神道のテクストないし伝承はない。古代日本のテクストでは、アマテラス以前に数多くの天上のカミが存在していたと明示していた。つまり、アマテラスは仏（宇宙的な仏である大日如来）となることで、はじめてすべてのカミの正統な根源と見なされうるのだと言ってもよいだろう。

しかし、実際のところ、こうした親和的な関係は神道と仏教の双方に利点があった。何より仏教にとっては、明白な政治上の利点がある。前述したように、八世紀日本の朝廷では国家イデオロギーが発達し、儒教、神道、仏教という三教が鼎《かなえ》のように天皇の統治を正当化した。真言・天台両宗は、新たな仏教宗派として栄えていくために、集中的に教義を教授し、複雑な儀式的しきたりのための施設を設立する費用負担を、平安期の朝廷から得る必要があった。密教にとって、神道から距離を置いたり、あるいはなお悪いことに、神道と決然と対抗したりすることは、自分たち新宗派を制度化されたばかりの国家イデオロギーの三本柱の一つから切り離すことになるので、賢明な戦略ではなかったのである。さらに、真言宗と天台宗の複雑な教義は、教養あるエリートでなければ理解困難だった。しかし、そのスピリチュアリティを神道と密接に関連づけたことで、密教は庶民の日常的な関心から隔たっていないしきたりのように思われた。つまり、スピリチュアルな発達のパターンという点からみて、神道的な畏れを喚起する神秘の世界は密教の世界とほとんど同じだからである。どちらの場合も、応用するポイントはスピリチュアルな力（タマ、あるいは真言の場合は大日如来の「加持《かじ》」）と再結合することである。したがって仏教は、無学の農夫が神社に詣でるという実践《プラクティス》を、スピリチュアリティの面では仏教徒だが、この実践がどのように、なぜ有効であるかについて、仏教の洗練された形而上学的・メタプラクティカルな解釈を欠いているとみなしうるのである。結局のところ、このような理解によって、仏教は数多くの神道的スピリチュアリティの実践に対抗するのではなく、それどころかこれを吸収することになったのである。

この親和的な関係は、神道にも利点となった。密教との相乗作用を通して、古代神道の世界観は、仏教の洗練された分析、用語、議論という恩恵を直ちに得られたのである。密教がもつ形而上学、儀式のメタプラクティカル正当化、そして象徴形式が形而上学的に流動的であることの強調は、神道にとっても裏付けを与えるように調整できるものだった。

そのおかげで神道的スピリチュアリティは、大陸からの儒教と（規模はもっと小さいもの の）道家思想の主知主義という猛攻に耐えることができたのである。われわれはそれから十二世紀後に生きていて、その後に神道が日本において果たす重要な役割を知っているため、九世紀初めに神道が抱えていた弱点を見過ごしがちである。では、この時点での神道の地位を見直してみよう。まず、聖徳太子が儒教と仏教の原理にもとづく憲法を発布したのはわずか二世紀前のことであり、そのなかに神道への直接の言及は事実上全くなされていなかった。第二に、文献のかたちでの神道の創造神話と、それによって天皇制を是認してから、一世紀の歴史しかなかった。口承による土着のスピリチュアルな伝統の言語である日本語には、この時点では実用的な書記体系がまだ存在していなかった（それどころか、伝説では、最終的に標準となった書記体系の発明者を真言宗の開祖、空海としている）。第三に、『日本書紀』と『古事記』が完成したあと、神道の中心的な祭司であった聖武天皇が仏教の戒律を受けたのは、わずか五十年前であった。第四に、先立つ二世紀にわたって、政府は国家運営のために中国式の、儒教と関連した官僚機構の整備をいっそう進めていった。中国のモデルに従い、この官僚制のなかで地位を確保するには、朝廷の正式な「大学」で教授される儒教の古典に精通していることを示さなくてはならなかった。このような試練に直面して、少なくとも社会の教養あるエリート層にとっては、神道は簡単に消滅しうるとされていたかもしれない。しかし神道の行者は、仏教との習合に加わることで、以前と同様の実践を続けることができた——ただし、今度は仏教哲学を認めることで、神道を中国の思想にすっかり染まった知識人の眼にも神道を尊重に値すると映るようにしようとしたのである。

## 習合のパラダイムとしての両部神道

それではこのような密教との吸収合併がどう制度化されたか、一つの例を見よう。真言宗と天台宗は、どちらも独自の神道との習合様式を発達させた。単純化するために、ここでは真言宗のケースである両部《りょうぶ》神道を見よう。これは、真言宗の両部曼荼羅《まんだら》のシステムを、カミたちの関係を表現するために翻案したものだ。曼荼羅は、あらゆる部分に全体が宿るというパラダイムを用いた図像的表現であり、曼荼羅的な実践は聖なるものへのホログラフィー的入口となる。曼荼羅にもとづく理論が表現したのは、宇宙の根本的な力であり、この力は無数の個々の仏として描かれる。両部神道がこのパラダイムに従って解説したのは、（日常的な神道的実践にとってきわめて重要な）普遍的なカミとタマが、（天皇による統治を支える神道イデオロギーにとって決定的な）人格的な天上のカミの神性と、どのように関係づけられるかということであった。この解釈の結果として生まれたのが、前に言及した、アマテラスが中心に位置し、それを他のカミが取り囲むという様式の曼荼羅である。

したがって両部神道は、真言宗寺院の境内で、その実践が「神道」か「仏教」かという懸念をさほど抱かせずにすむ、神道的しきたりの様式となった。この習合の拡大ぶりを示す例をあげると、神道でもっとも神聖な場の一つである伊勢神宮の内宮《ないくう》と外宮《げくう》でさえ、真言宗の両界《りょうがい》曼荼羅の金剛界と胎蔵界に当てはめて解釈されたのである。したがって、両部神道のような習合様式をつうじて、仏教と神道は、完全に統合されるというわけではないにしても、少なくとも地理的、儀式的、スピリチュアルな空間を共有できる程度には、相互に結びつくことができたのである。こうした習合は、第三章で論じた恐山のイタコの場合でも明らかだ。伝統的に、盲目のイタコたちは何十年もかけて、天台宗の寺院で密教の修行をおこなった。しかし、このイニシエーションには山のカミとの「結婚」が含まれ、その修行には古代神道の祝詞を唱えることが含まれていたのである。

つぎへ進む前に、神道に対する密教の影響をまとめておこう。本章の冒頭で示唆されていたのは、神道は高度に発達した大陸の宗教の伝来によっても、その座を奪われなかったということだ。それは、たとえばイギリスやアイルランドでドルイド教がキリスト教にとって代わられたのとは異なる。代りに仏教がとった戦略は、神道を跡形もなく消滅させるのではなく同化させ、従属させるというものだった。したがって、神道は仏教に抵抗する必要はなかった。密教と神道の世界観は十分に両立可能だったので、神道は必要な場合には仏教的論法を用いて、自身についての概念的説明を行うことができた。たとえば、すでに見たとおり、神道の思想家は言霊《ことだま》の実在性について議論を展開する必要はなかった。というのも、密教哲学がすでに、実在と（真理を示す）ことばを発することが相互依存的に共鳴しあうことを「証明」していたからである。実在についての神道の基本的な見方に疑いをもつ思想家がいたとしても、仏教的な真言の正当化を祝詞の聖なる詠唱として正当化することへと論を転じることで弁明できたのだ。このことが意味するのは、神道はその哲学的体系を全くの無から展開する必要がなかったということだ。

実際、この新たな習合的文脈では、神道と仏教がきわめて親密に関連していたので、「神道」という語で区別する必要はほとんどなかった。前述したとおり、「神道」という語、あるいは少なくとも他から独立した神道的スピリチュアリティの伝統という概念は、古代日本において、カミに基礎を置く宗教を仏教という外来宗教から区別する手段として生まれたものだった。そうすると当然、習合が標準であるから、十九世紀半ばに国家イデオロギーが発達するまで、「神道」という語が一般に用いられることはなかった。その時代は、本質主義的な神道的スピリチュアリティが高揚し、「本来の」神道を仏教的な「歪曲」から分離することが課題になっていた。しかし、神仏習合のため、千年の歴史において、日本人のほとんどは「神道」を「仏教」から分けることを有益だとは考えなかった。彼らは、もちろん「カミ」に言及したけれども、カミは仏の仮身にすぎないと、ある程度は（そうした理解は知識人に限られたかもしれないが）知っていたのである。

神仏習合は、日本における支配的な宗教となった。神道の核となる思想と価値観は、密教的な特徴を呈していたので、神道が独自の存在感を保つことはほぼ困難となり、多くの場合、習合の仏教側の影に隠れてしまったようだ。儒教はこの時期、異なった運命を経験した。神仏習合は、この二つの伝統のスピリチュアリティから力を得て、実質上、生きたスピリチュアルな伝統としての日本儒教を全て残らず排除したのである。儒教は依然として重要ではあったが、それは主として、中国古典を学ぶことで身につく倫理的・社会的美徳の源としてであった。こうした古典の知識は、男性の廷臣や知識階級にはやはり必要とされた。社会的関係に関する儒教用語は朝廷における語彙の一部として欠かせないものとなっていたが、（すでに仏教がしていたように）儒教をより日本に適したものに改革する努力はほとんど見られなかった。概して言えば、十六世紀に再登場するまで、儒教が創造的思想として現れることはほとんどなかったのである。それまでは、仏教が日本のスピリチュアルな領域、知的領域を支配することとなった。

## 仏教の覇権の盛衰

仏教は、神道を習合的に吸収したことで力を得て、八〇〇年ごろから一六〇〇年にいたるまで、日本の哲学的言説の中心的存在であった。しかし、この時期全体を通じて、仏教が一枚岩だったわけではない。たとえば、天台宗と真言宗はその支配力を失っている。十二、三世紀には、浄土、禅、日蓮という鎌倉新仏教が盛んになった。こうした新たな形の日本仏教は、厳密に言って密教ではなかったが、あらゆるものにはスピリチュアリティ〔仏性〕が備わっているという根本的な見方を共有していた。これらの諸宗派が引き続き前提としたのは、あらゆるものが宇宙的な仏の表現であるということ、あるいはあらゆるものは根源においてある種の悟りを共有しているということであった。したがって、これらの新宗派はおおむね、すでに密教との関係で論じた神道との共通点を三つ備えている。つまり、物質に遍在するスピリット、純粋なマインドフル・ハートの重要性、そして天上の存在がもつ仲介者としての役割である。どちらかといえば、真言、天台両宗と新仏教の大きな違いは、密教の複雑な儀式から実践を切り離し、単純化したことにある。しかしこれまで見たとおり、簡素さは神道の美徳の一つでもあった。

したがって、十六世紀の終わりにいたるまで、神道は仏教を、哲学的攻撃からの知的保護者としていた。だからといって、中世において神道には教義の発達がなかったというわけではない。神社のなかには、たいてい巡礼ないし祭礼の場所として、人気や権威を得るにつれて、神職の訓練のために独自の学問所を設けたところもあった。多くの大社では、独自の哲学的解釈も展開し、それを傘下の神社を通じて日本の他の地域に広めたのである。神道の諸教派のなかでもっとも大きな勢力があったのは、度会《わたらい》神道（伊勢神宮の外宮と関係する)、吉田神道(吉田神社、平野神社と関係する)の二つである。実のところ、一六〇〇年より以前には、神道と仏教の間でときおり対立点が見られた。前述のとおり、度会神道は仏教の本地垂迹説――仏教による神道の吸収を正当化するために用いられた基本原則――を批判し、逆転させようとした。この批判にはのちに吉田神道も加わり、同様に公然と両部神道の仏教的根拠を批判したのである。中世における本質主義的な神道的スピリチュアリティの足跡を求めるとすれば、それが見出せるのはこの二例においてということになるだろう。

しかし概して言えば、この時代の仏教と神道との論争は、正反対どころか近似した二つの考え方をめぐるものだった。大体のところ、中世神道による仏教に対する哲学的批判の影響は、大社とその末社に限られていた。つまり、全国規模で重要な神道の哲学体系は存在しなかったのである。その結果、神道的実践のほとんどが仏教寺院の境内で引き継がれ盛んであった一方で、仏教とかかわりのない大社は別の道を歩んだのである。こうした関係は徳川時代、さらには近代にいたるまで続いた。近代になり、神仏分離が実現したが、それは復活した本質主義的な神道運動の一環としてであった。それでは、この運動がどのように開始されたかを考察しよう。

最初に見るのは徳川ないし江戸時代(一六〇三~一八六八年)の日本の文化的ダイナミクスである。ここでの議論にとって決定的に重要なのは、二つの状況――一つは政治的、もう一つは知的なもの――である。政治的状況とは、数世紀にわたる内戦状態のあと、新たに将軍となった徳川家康（一五四三～一六一六年）の天下統一によって、徳川氏による日本の政治的支配が以後二百五十年以上にわたり続くこととなった、ということである。十六世紀は西洋との交流が盛んな時代だったが、徳川幕府が権力を得ると、日本は外国に対して実質的に門戸を閉ざしたのである。その結果、一八五三年にペリー提督の率いる艦隊が東京湾〔浦賀〕に入港するまで、おもな政治的変化のダイナミクスは、徳川時代を通じて日本国内に限られた。徳川幕府による支配は成功したが、それを可能にしたのは制度的支配という巧妙な戦略であり、それが幕府の潜在的な敵対者たち、すなわち封建諸侯、侍、農民、商人、宗教的指導者たちを食い止めることになった。

ここで、早くも九世紀に始まっていた天皇の権力の全般的な衰退について論じておくのがよいだろう。平安時代（七九四～一一八五年）をつうじて、天皇は名目上の国家元首であったが、実際にはきわめて無力であることが多かった。有力な貴族（その多くは藤原氏だった）が事実上、天皇の背後から統治しており、多くの場合、天皇家との婚姻によって支配権を維持していた。さらに言うと、十、十一世紀に藤原氏は、典型的な例では、天皇が成年に達すると強制的に退位させていたのである。この政策によって、外戚の藤原氏が幼い天皇の摂政・関白の地位につき、国の事実上の支配者となることが確立した。貴族は京都の朝廷で、美的で洗練された生活を送ることに心を砕いていたので、日本中にある荘園の管理はますます武士身分の管理人である荘官《しょうかん》にゆだねられることになった。

十二世紀の終わりには、こうした武士は荘園領主に反抗し、日本〔全土〕の支配をめぐって互いに争うようになっていた。そうした戦いの勝者が「将軍」となり、日本全土を支配する「幕府」の長となった。ここでもまた、天皇は名目上の元首として変わらぬ尊敬を受けたものの、（ごく短期間の例外を除いて）本当の政治的指導力はほとんどなかった。武家が公家に代って国の実権を握ったが、武家の指導者たちは公家に比べ、天皇をいかにも実際の支配者であるかのように振るまおうとはしなかった。したがって、幕府は首都の京都に拠点を置く必要を感じさえしなかった。その代わりに、彼らは領国の近くに留まり、そこで近隣の大名との安定した同盟を頼ることができた。たとえば、十二世紀には鎌倉が政治の中心となり、その一方で天皇は公式の首都である京都にとどまった。

再び将軍不在となり、混乱と流血の時代（戦国時代、一四六七〜一五六八年）を経て、織田信長（一五三四〜八二年）が日本中部の大部分で支配権を確立した。彼に続いたのが豊臣秀吉（一五三七〜九八年）、そしてすでに言及した徳川家康である。家康の時代に彼の覇権のもと全土統一され、家康は将軍の称号を得た。彼が江戸に政府の本拠を置き、きわめて安定した社会システムを築き上げた結果、徳川家は一八六八年にいたるまで日本を支配することになった。それ以前の何世紀にもわたってそうであったように、天皇は統治することなく君臨し、徳川将軍は天皇に公式には敬意を払い続けた。その他の幕府でもそうであったように、徳川幕府の支配は厚顔にも軍事力にもとづいたものであり、日本史の初期の数世紀において天皇による統治を支えた神道、仏教、儒教の知的基盤にもとづくものではなかったのである。この点で、天皇はある程度の宗教的カリスマを保持していたが、幕府は巧妙に、このカリスマにはいかなる重要な政治的影響力ももたせなかったのである。

宗教はとりわけ厄介な問題で、家康の軍事的な先行者であった信長と秀吉は、すでに対処を始めていた。この三人の軍事的リーダーの政策は、全体として次のような状況を生んだ。まず、近時に西洋から突然もたらされた宗教である、キリスト教が禁止された。信仰を捨てることを拒否した少数のキリスト教徒は、地下に潜らざるをえなかった。キリスト教の弾圧がさきがけとなって鎖国が実施され、日本は世界との接触をほとんど断つことになった。鎖国政策は一六三九年に始まり、公式には一八五四年まで続いたのである。第二に、京都の比叡山にある天台宗の本山である延暦寺は、日本におけるもっとも強大な宗教施設に成長していたが、信長は一五七一年に全山を焼き討ちし、堂塔《どうとう》三千を破壊し、僧兵一万の軍団を壊滅させた。第三に、当時もっとも民衆的な仏教宗派だった浄土真宗の本願寺は独自の巨大な農民軍を編成していたが、信長は石山本願寺を一五八〇年に打ち破った。浄土真宗は一六〇二年に分裂して東西の本願寺となり、宗派としての一体性が割かれることになった。そして第四に、家康の下で幕府は哲学者・宗教者たちの監視を始めたが、その意図は少なくとも新たな展開やイデオロギーの登場を抑制することにあった。こうした四つの政治的出来事にともなう知的状況もまた同様に、神道の将来にとって重要なことであった。

知的変化にとっての鍵となる要素は、十六世紀末、哲学的に新しいものが日本に定着した時点で危機に至った。日本の歴史上で、日本人が集団（おもに宗教者ないし外交官の）で荒れる日本海を渡って中国大陸へと危険な航海をし、母国に文化的な革新と文物をもたらした時代が何度もあった。とりわけ十五、六世紀には、おもに禅宗の僧侶たちが日本から中国に留学した。彼らは、帰国時に仏教関係の経論だけでなく、当時中国で流行していた他の哲学的伝統に関する書物ももちかえった。彼らが将来した船荷のなかで、われわれの目下の関心にとってもっとも意味があると思われるのは、中国の新儒教〔朱子学〕の書物である。禅宗の学僧たちは朱子学のテクストを研究し、日本に紹介していたが、これらの書物には結果的に、日本における仏教の知的覇権を損なうことになる哲学的体系が含まれていた。朱子学は中国における洗練された習合《シンクレティック》的な哲学的動向で、伝統的な儒教の教えに仏教や老荘の思想を加味したものである。仏教や道家思想から得られた、鍵となる思想を自らの思想に組み込むことで、朱子学は儒教に対して仏教や道家の側からなされたもっとも強力な批判を無力化したのだ。その結果、十二世紀から二十世紀初めにいたるまで朱子学は（さまざまなかたちで）中国の知識人層をほぼ支配し続けたのである。

朱子学による仏教批判が日本に入ったのは、徳川幕府による安定と平和が急速な都市化をもたらす直前のことだった。都市生活の進展は、それまで学僧を訓練してきた伝統的寺院の外部に学校を作る推進力となった。武士（徳川幕府の官僚体制下にある平時の社会のなかで、有用な地位につくために再び職業訓練を必要としていた）と、向上心のある商人階級（手早く教養を身につけたがっていた）が、このような都会の学校に足しげく通った。さらに言えば、都会での識字階級が増加し、広く流通する印刷出版物への需要が生まれた。十七世紀後半には、哲学を含む文芸文化が都会で盛んになっていた。

すでに述べたとおり、徳川幕府は、その勢力範囲における学問の発展に注意を怠らなかった。都市化と進歩した印刷技術のおかげで、印刷物が多数の読者に届くことが可能になったとすれば、幕府による監視と検閲もまた、より容易になったのである。徳川幕府は公式には、日本の朱子学派の手になる著作を、結果的に重んじることになった。それらはきわめて影響力の大きかった新儒学の哲学者、朱熹《しゅき》（一一三〇～一二〇〇年）の思想にもとづいたものである。幕府は、この学派の教義のみが国家イデオロギーを規定するという布告を折に触れて出し、朱子学派を支援した。その他の学派の哲学は禁じられていたと考えられるものの、その禁止は厳格に強要されたものではなかった。むしろおそらくは、朱子学派のライバルの思想家たちに、独裁的なビッグブラザー〔オーウェルのディストピア小説『一九八四年』に登場する指導者〕である幕府が監視しているのだと警告することを狙ったものだったと思われる。

なぜ徳川幕府は朱子学を重んじたのか。一つには、儒学の伝統として、朱子学が社会的・政治的に階層化された社会のなかで自分の分《ぶん》をわきまえるという思想を、はっきりと支持していたということがある(あくまで理論上であって、つねに実践されていたわけではないが、仏教の教義は民主的でスピリチュアルな理想、つまり階級や教育による差別がなく、誰もが等しく悟りという原点を共有するという理想を重視していた)。日本社会がいっそう都市化するにつれ、徳川幕府にとって重要になったのは、支配者に対する忠誠を確かなものとする価値体系を整えることであった。誰もが自分の分をわきまえることが重要だったからだ。すでに見たとおり、日本ではつとに七世紀から、儒教的価値観がおおむねこうした役割を果たしてきたのであり、今回もそうなりうる。さらに、徳川の世が泰平になればなるほど、武士階級が戦う兵士である必要はますます少なくなった。こうした武士たちを官僚に転身させれば、社会の安定への潜在的脅威をまた一つ取り除くことになる。士大夫としての責任と忠誠という儒教の美徳は、剛胆さと主君への献身という武士の美徳に代わるものとなりえたのである。

第二に、徳川幕府が警戒していたのは、民衆、僧侶、教養人のあいだでの仏教の影響力であった。前述したとおり、すでに信長と家康はおもな仏教教団の軍事力に対処していた。次の段階は、もっと広汎に仏教徒〔の活動〕を抑制するための制度的な戦略を実施することであった。幕府が編み出した方法はきわめて独創的だった。たとえば、仏教寺院を国の公式な戸籍調査機関とし、あらゆる世帯に檀那寺に所属するよう命じた。これは僧侶にとって経済的な利点であった。というのも、僧侶は法事に対する料金を徴収することができ、同時に過去台帳を用いて葬儀の依頼者を確保することができたからである。こうしたことによって、仏教徒にあったスピリチュアルな熱心さはみな世俗化され、官僚化され、希薄化された——これこそがまさに幕府が望んだことだった。

第三に、知的な見地からすれば、仏教は徳川幕府にこれまでと異なる問題を提起した。九世紀初めから十六世紀にかけての日本の重要な思想家の圧倒的多数は、儒教や神道ではなく仏教に親しんでいた。大寺院は知的活動の中心として朝廷や幕府を補い、さらには凌駕さえしていた。仏教各派の本山は全国に拡散していて、多くが都市から隔絶された場所にあったので、中央集権的な官庁から監視するのは難しかった。宗教的しきたりのために都会から離れた本山を必要とせず、村人の宗教的ニーズに応えるための儀式の場所として機能する必要もなかったので、朱子学の私塾は都会の、より世俗的で開かれた環境できわめてうまく機能した。そして都会には、生徒になりうる裕福な予備軍が多数存在したのである。こうした都会の私塾は、幕府にとって御しにくいものともなりえたが、少なくとも近くにあって監視可能であった。こういうわけで、都会の私塾は哲学的活動の新たな世俗的本拠地となったのである。

まとめておこう。朱子学による一連の仏教批判を支持すること、仏教寺院を官僚制のなかの戸籍調査機関に追いやること、寺院の軍事力を骨抜きにすること、そして都市における世俗的な私塾の勃興を奨励すること、こうしたことによって徳川幕府は仏教を制度的にも知的にも弱体化させることに成功した。しかし仏教の哲学的覇権を弱体化することは、間接的には神道に対する脅威となった。すでに論じた神仏習合のため、仏教の形而上学とメタプラクシスを攻撃することはまた、間接的にではあるが、神道思想の基本理念の一部、少なくとも九、十世紀以降に生まれたものを攻撃することにもなった。たとえば、聖なる流出、声にして発せられたことばのスピリチュアルな力、そして自然、人間、スピリットの相互浸透という、仏教の教義を弱体化することは、神仏習合の最盛期に並行して発展した神道理論の力をそぐことになりえたのである。したがって、仏教に対する知的批判をおこなったことで、朱子学は神道にも問題を提起することになった。つまり朱子学は、東アジアの哲学として新しいものだったが、神道の知的な保護者である密教を、どうみても脅やかしているようであった。知的な後ろ立てを仏教に求められないなら、神道に何ができただろうか。

利用可能な、明確な方策が二つあった。一つ目は神道が新たな盟友を見出すこと——今回は仏教の代わりに（新）儒教と習合することである。二つ目の選択肢は、はっきりと神道的な哲学を一からやり直して展開し、神道を日本における他のどんな哲学にも対抗できる伝統とすることである。神道は、この二つの選択肢のどちらもある程度まで試みている。

ここでは、最初に儒教と神道の習合という選択肢をとりあげよう。二つ目の新たな哲学的基盤を作るという選択肢は、次節でとりあげることにしたい。

朱子学者として、最初に徳川幕府のアドバイザーとなろうとしたのが林羅山《はやしらざん》（一五八三～一六五七年）である。彼は苦心して、神道について好意的な論述をおこなった。羅山は朱子の注釈のなかに、神道の天皇支配についての解釈と、神道的なマインドフル・ハートと関連したカミの重視を組み込んだのである。山崎闇斎《やまざきあんさい》（一六一九～八二年）は、さらに進んで垂加《すいか》神道という新たな伝統を創り出すにいたったが、それは朱子学と神道を併《あわ》せて研究することを道徳的な道であるとはっきりと主張するものだった。この神儒習合という文脈のなかで、「武士道」の勃興にも言及しておくべきかもしれない。誠実さ、心の清らかさ、そして天皇による統治といった神道的価値観が、儒教的ヒエラルキー概念（とりわけ孝、忠という徳目の日本的解釈に埋め込まれている形で）と混じり合ったとき、朱子学や神道の制度自体の外部に重大な副作用が生じた。自らの主君（究極的には天皇）への忠誠についての日本独特の理解が発達したのである。

このような日本的な変形は、儒教が強調する点を各自の長上に対する忠誠と分に応じた振る舞いに置くとともに、それを神道の二つの性質によって強化していた。すなわち、感情（情緒）とホログラフィー的パラダイムである。感情的領域が主張したのは、忠誠はたんに身分階層制の分限に関する因襲的原則から生じるものではないということだ。それでは忠誠が、外在的関係にすぎないものになってしまうからである。武士道にとって、忠誠とは役割演技《ロールプレイング》でもなければ社会契約の履行でもない。日本での新たな解釈では、忠誠は少なくとも愛情からも同様に生じるものであり、それは主君およびその一族との内在的な関係である。こうした内在的関係は、あらゆる部分に全体があるというホログラフィー的モデルを強固なものにする。つまり、真の忠誠は、自分自身を含む構成員一人一人のなかに、一族がどれほど主君によって率いられているかが反映されていると認識している、誠実でマインドフルな心から生じるのである。したがって主君に背くことは自らに背くことなのだ。この文脈では、家臣が主命に同意し従うことができない場合、しばしば切腹——儀式的な自殺——が唯一の選択肢となった。ホログラフィー的モデルによると、全体は個の一部なので、個は自分自身に完全に忠実でありつつ同時に全体に反対することはできない。切腹という行為は、全体に逆らう自らの立場と、全体を反映するものとしての自らのアイデンティティとのあいだで引き裂かれているという二重拘束《ダブルバインド》から生じるものなのである。

こうした価値観は、徳川日本の武士道イデオロギーにその居場所を見出した。実際のところ、この伝統の創始者の一人である山鹿《やまが》素《そ》行《こう》（一六二二〜八五年）は、林羅山の下で学び、後年、朱子学を拒絶するにいたったものの、その後も儒学者として独自の学風を打ち立てた。彼はまた強固なナショナリストであり、天皇には無二の神聖な性質があると主張した——そうすることで神道的要素と儒教的要素を融合したのである。このように神道的要素を武士的価値観の展開に用いたことで、その後の一八九四年から一九四五年にかけての対外戦争期に軍国主義者は神道の理念を引き出して利用することが容易となったのである。

ちなみに、このような歴史的・知的な背景は、太平洋戦争における日本の特攻隊員たちの神風《かみかぜ》精神を理解する助けとなる。西洋での一般的な解釈では、特攻隊員は天皇のために、「自己犠牲」の行為を実行していたということになる。しかし厳密に言うと、これは正しくない。特攻隊員はより高い大義のために自己を否定していたのではない。それどころか、ホログラフィー的な論法によると、全体（天皇をホログラフィー的入口とする日本という国）が忠良な隊員たち一人一人のなかに存在するのである。彼らの自発的な死は、こうしたホログラフィー的関係を肯定している。要するに、神風特攻隊員たちは天皇のために死ぬことによって、自らのために死のうとしたのである。この行為は、自己肯定、さらには自己保存の行為であって、自己否定の行為ではない。この例からわかるのは、武士道理念の背景にあった神儒の習合が、どのように二十世紀の日本で価値あるものとされたかということである（ちなみに、仏教が自己抑制と内的鍛錬を強調するのも、武士道的実践の発達に影響を与えている。このテーマは目下論じている問題を超えるものだが、武士道がその力を儒教、神道、仏教という古くからの三教に立脚して得ていることは重要である）。

ここまで見てきた二つの哲学的状況によって、十九世紀における根本的に新しい国家イデオロギーの展開の舞台が整えられることになった。第一に、儒教的な社会的価値観や行動が復活した。この復活は選択的なもので、忠誠心の例で見たとおり、日本的な文化解釈と混じりあっていた。第二に、武士道の価値体系は、平時の社会における新たな場の感覚を武士に与えた。武士の価値観を戦場から官僚組織に持ち込めるようになったが、そこでも献身や絶対的な忠誠、規律は同様に重要であった。武士道イデオロギーの価値観は、武士階級それ自体を超えて広がる公式の体系へと統合された。すなわち、武士道精神は実質的にすべての日本人の規範となった——その要素は「修身《しゅうしん》」という標題のもと、十九世紀後半から二十世紀前半の日本の公教育のなかで広まったのである。しかし、十九、二十世紀における神道と国家イデオロギーの深い関係を理解するためには、十八世紀後半に生じたもう一つの哲学的状況を考慮に入れる必要がある。つまり、国学運動から生まれた新たな神道解釈である。

## 宣長と国学の勃興

すでに言及したように、日本の知的世界における仏教の覇権が弱体化したことで、神道には論理的には二つの選択肢があった。その一つは、知的な権勢を求めて張り合う新たな知的伝統——朱子学（さらにはそれにつづく古学派の儒学）——と結びつくことである。二つ目の選択肢は、神道が全くの再出発をおこない、仏教にも儒教にも（したがって武士道にも）依拠しない独自の哲学的立場を発展させることだった。結局この選択肢が、神道の発展により大きな影響を与えることになった。それが国学運動がたどった道である。神道教義の発達にとって鍵となる十八世紀の人物は、疑いなく、第一章から折に触れて言及してきた神道の哲学者、本居宣長（一七三〇〜一八〇一年）である。彼は日本人を「古道」、つまり儒教や道学、仏教という大陸からの伝統による影響以前の日本人の世界に立ち戻らせようとした。

国学は宣長を始祖とするわけではなく、その数十年前、厳密に文学的かつ文献学的な運動として始まった。国学の目的は、古代日本の文献の研究に、すでに日本の儒学者が古代中国古典の研究（いわゆる「古学」）で示していた、方法論的な洗練と洞察を導入することであった。しかし宣長は彼以前の国学者の一部とは異なり、神道の熱心な信奉者であった。実際宣長は、両親が神社で祈ったおかげで自分が授かったのだと信じていた。したがって宣長にとっては、自らの出生さえもが、畏れを喚起する神秘的な力との親密な関係を示すものであった。神道に深くかかわっていたことから、宣長はその文献学的技能を、（彼以前の国学者がおもな対象とした）古代日本の詩歌にではなく、まず何より『古事記』に向けたのである。

第三章で論じたように、『古事記』で用いられた表記法はきわめて特異なものであるため、その一部、とくにもっとも古い時代の祈禱文や詩歌はほとんど解読不能とされていた。

何世紀にもわたって、『古事記』は周辺的なテクストであり、漢文で書かれた『日本書紀』より劣るものとされていた。宗教的情熱に駆り立てられた優秀な文献学者であった宣長は、編纂以来ほぼ千年ぶりに、実質的に『古事記』のあらゆる単語を解読できる人物となったと言ってよいだろう。彼は三十年以上をかけて『古事記』に綿密な注を付し、同時代の教養人たちが読めるテクストとした。しかしその作業がいかに困難であろうと、宣長はこの企てを文献学的のみならずスピリチュアリティにとってもやりがいのあるものと見なしていたのである。

『古事記』に関しては、宣長はテクスト直解主義者であった——事実、一種の原理主義者とさえ言ってよい。彼にとって『古事記』は、少なくとも四つの点で純粋なテクストであった。第一に、言語的に純粋であった。『古事記』は日本語の先史時代の型を保つものだったのである（ここで思い出しておきたいのは、『古事記』は日本最古の口承による物語を、直接に音写したとされていたということだ）。事実、宣長による最も重要な文献学的洞察の一つは、文字以前の古代日本語に存在したある子音・母音の組み合わせが、九世紀に確立しその後の標準となった書記体系には反映されなかったということであった。このことが意味するのは、最終的に同音同綴異義語になった語が実は必ずしもそうではなかったということである。古代の単語の語源を探求するにあたって、この事実は決定的に重要であった。第二に、宣長は『古事記』をテクストとして純粋であると考えた。とくに文字通りには意味が通らないような箇所では、写字者が数世代にわたってテクストを繰り返し書写するなかで、しばしば少しずつ書き加えたり書き洩《も》らしている、と宣長は考えた。宣長にとって『古事記』のテクストの長所は、まさにそれが全く読めないということであった。写字者がテクストを読めなければ、意味をわかりやすくしようと意図的に書き換える可能性はないということになる。のちほど見るとおり、このことは宣長にとってとりわけ重要であった。というのも彼は、『古事記』は人間の理性には説明のつかない、畏怖を生じさせる出来事で満ちていると考えたからである。言うまでもなくこうした畏怖こそが、神道的スピリチュアリティの中核をなすものである。第三に、『古事記』のテクストは文化的にも純粋であった。『古事記』が日本最古の口承物語からなるとされたこと、口承のテクストを文字通り書き写したこと、『日本書紀』の編纂者のようにテクストを海外での受容にふさわしいものにしようと試みていないこと、こうした理由から『古事記』は純粋に日本的なものだったのである。

さらに第四点として、『古事記』は宗教的に純粋だった。『古事記』が語るのは創造の物語である。言語はカミにさかのぼるはずであるから、本来の物語は天上のカミ自身のことばで書かれていたはずである。したがって宣長によれば、古代日本語で書かれていない創造の物語はみなすでに、真実の物語の翻訳、さらに言えば変換されたものに違いないのである。古代朝廷の語り部は、物語が神聖でありカミのことばで表現されていることを知っていたので、世代から世代へと逐語的に伝えた。語り部を任命したのは、自身がカミである天皇である。したがって宣長は、『古事記』のテクストが創造時におけるカミ自身のことばにまで直接さかのぼると結論づけた。このようなことば——その音と意味の言霊《ことだま》——に立ち戻ることは、創造の行為それ自体に儀式的に加わることとなる。第一章では、出来事、ことば、そして作者の「こころ」が集合的に共鳴しあうことで詩歌が生まれるという、宣長の詩的創造の理論〔歌学〕について論じた。彼は、世界の創造においても同じ構造があると考えた。カミのことばそれ自体が世界を創造したのではないが、語られたことばは、その創造の瞬間における反響の本来的な部分をなしていた。つまり宣長にとっては、『古事記』はホログラフィー的入口であって、そのことばにはカミやタマに満ちた世界の全体が含まれているのである。それを（「まことのこころ」をもって）読み解くことで、人はカミの古道と親密な関係に入ることができるのだ。

宣長は、『古事記』のことばの意味と発音の根拠を集めるにあたって、『日本書紀』を典拠の一つとして利用した。何と言っても、『古事記』と『日本書紀』のあいだには、内容の著しい重複がある。だが、このように両者を一緒に読むことで、その違いも明らかになった。『日本書紀』が『古事記』と食い違っている場合、宣長の理論ではそれを、誠実なマインドフルな心で元の物語を素直に受け入れるのではなく、合理化しようとする「からごころ」に起因すると解釈したのである。宣長にとって、神道の目的とはわれわれを取り巻く神聖な神秘と親しむことであった。カミの行動と意図を人間理性の基準に当てはめて考えることで、われわれは、畏怖を喚起する神秘と親密に結びつくより、むしろ遠ざかってしまう。宣長の考えでは、この神秘を理性によって解釈することは、神秘を研究可能な外在的なものとして対象化し、マインドフルな心すなわち「こころ」との共鳴を消し去ってしまう。われわれが神秘との親密な関係を発見できるように神秘を描写するには、描写の合理性よりも、正確さが重要である。宣長にとっては、現実のことば——音、意味のいずれも——が決定的に重要なのである。

この点について重要な違いを、『古事記』と『日本書紀』の相違点の一例が明らかにしてくれている。言うまでもなく、太陽のカミであるアマテラスの出自は、その重要性から考えてあいまいではないはずである。ところが『古事記』と『日本書紀』では説明が異なっている。第三章で見たように、イザナギと同衾《どうきん》したあと、イザナミは火のカミを産み、大やけどを負う。彼女は、死者が腐敗し悪臭を放つ世界、黄泉《よみ》の国へ行った。『古事記』によると、イザナギは妻を失った悲しみのあまり、妻をとり返しに黄泉の国へと下る。そこで目にしたのは、腐りかけた姿となり、悪鬼を従えたイザナミの姿であった。イザナギは逃げ出し、黄泉の国への入口をふさぐと、川で水浴して身を清めた（伝承ではこれが、すでに論じた禊《みそぎ》の起源であるとされている）。そして彼の左目を洗った水からアマテラスが産まれたのである。言うまでもなく、ここで描かれている誕生は不可思議で神秘的なものである。これに対して『日本書紀』は、アマテラスはイザナギとイザナミのまぐわいから自然に産まれたとしている。それどころか、『日本書紀』でアマテラスは、地上世界の支配者である、将来の天皇の先祖となることが意識されたうえで身ごもったと記されているのである。『日本書紀』での説明のほうが、合理的に考えて信憑性が高く、生殖についての人間の理解に沿っている。しかし、宣長はこうした論証——彼の言うところの「からごころ」——を疑問視した。からごころが試みるのは、不可思議なものを人間の理性に従わせて説明して片付けようとすることだというのである。

宣長によると、神秘との親密なつながりを発見するためではなく、神秘の力を打破するために理性を用いるなら、真に不可思議な実在の本性をゆがめる危険を冒すことになる。あらゆることの意味が通るなら、畏怖の入る余地はない。宣長の確信は、彼特有のスピリチュアリティと信頼からくるものであったが、こうした考え方は現代のわれわれにとって、一見したほど縁遠いものではない。日常的な言い方で、われわれはよく「事実は小説よりも奇なり」とか、この話は「奇妙だが正しい」とか、さらには「全く信じられないから真実に違いない。だれもそんな話をでっちあげられないのだから」などと考える。ロバート・リプリーが有名になったのは、「リプリーのビリーブ・イット・オア・ノット！」というタイトルの新聞連載漫画やテレビ番組、博物館で「奇妙なこと」を紹介したことによってである。リプリーの人気は、描写が正確であるという評判からきたものだった——彼は相手かまわず「私を嘘つきだと証明してみろ」と挑んだのである。しかし、彼がその奇妙なことを説明することはめったになかったし、むろん説明するふりをしてごまかすこともなかった。このような、真実であってもそのすべてが説明できるわけではないという人類共通の感受性が、宣長による神道理解の核心に存在しているのである。

宣長がその方法論的、宗教的な前提から出発して、たどり着いた結論は、その後二世紀にわたって重大な影響を与えることになった――そして、副産物として、狂信的な自民族中心主義の基礎を築いたのである。字義通りの解釈にこだわり、カミに対する深くスピリチュアルな崇敬を抱いていた宣長は、『古事記』を日本にとどまらず、全世界の創造についての物語だと考えた。つまり、カミが世界全体を創造したと宣長は考えた。それなのに、なぜ世界中の人々は共通の創造の物語をもっていないのか、と彼はいぶかしんだ。写字者が写本を作る際、前の版より「もっと意味が通るようにする」傾向があるという自らの理論から、宣長は創造の物語は書写されるたびにますます劣化していったはずだと考えた。『古事記』の物語を利用できた『日本書紀』でさえ、こうした劣化を免れない。日本からさらに遠い国、日本語が知られていない国で起こる歪曲はどれほどのものになるだろうか。わずかに取るに足りない要素がところどころに残るかもしれないが、多くの重要な点は失われてしまうだろう。宣長によると、日本人は偶然にオリジナル（すなわち『古事記』）の物語を文書として書きとめていたものの、まもなく彼ら自身もそれを読むことができなくなってしまったのである。したがって、物語は手つかずで純粋なままとなった。彼にとって、『古事記』は始原の創造にさかのぼるタイムカプセルだったのである。『古事記』によって、人は原初の創造の言語、最古の日本で用いられたことばに、さかのぼることができる。すべての言語は、彼の同時代の日本語でさえ、こうした原初のことばの歪曲であった。宣長の考えによれば、もし日本人がこれらのことばに——その本来の音と意味に——帰るなら、ことばのスピリチュアルな力（言霊）と古代日本（ヤマト）のタマシイを経験することになる。こうしたことばによって人々は、自分たちがその一部をなし、純粋な「こころ」によって全体論的に反映できるような、畏怖を喚起する神秘と再び内在的につながり合うことができるのである。さらに言えば、宣長が主張したのは、『古事記』だけが日本の天皇制にとって真の基礎となり、社会、政治、自然の調和への唯一の道だということであった。

大体のところ、日本が世界史のなかで特別な位置を占めているという宣長の理解は、革命ないし世界支配を目指したものではなかった。むしろ空想的《ロマンティック》なものだったのだ。彼のスピリチュアルなビジョンが描き出すのは、人々が互いに、また自然と調和しつつ生きる世界だった。彼は儒教や朱子学、仏教を、思考体系を過剰に合理化したという理由で批判した。彼の考えでは、これらは人々が神秘を受け入れることを妨げているにすぎないが、実はこの神秘のおかげで人々は世界のなかで調和し、お互いに仲睦まじく生きることができるのである。宣長はまた、武士と徳川幕府の官吏をつよく魅了し公式の道徳規範《エートス》である武士道に対しても、批判的であった。偽りのないマインドフルな心は、宣長によれば、生を肯定する感受性と相互関連性である。宣長からすれば、『葉隠《はがくれ》』——十八世紀初めに書かれた、武士道の伝統にとっての正典であるテクスト——の冒頭は、全くの間違いだというこことになるだろう。よく知られているとおり、そこには「武士道と云ふは死ぬ事と見つけたり」とある。宣長の理解では、神道において死はつねにケガレであって、理想ではない。宣長にとって死に高い価値を置くことはマインドフルな心への最大の冒瀆である。宣長の考えでは、武士道は国家イデオロギーであって、人々、とくに男性を、自らの本性に逆らわせ、畏れを喚起する神秘に満たされた世界でくつろいで生きようとする欲求に逆らわせるために発達したものであった。宣長によれば、武士道はこの人類共通の人間性を「女性的」(「たおやめぶり」)と呼び、「男性的」(「ますらおぶり」)である武士イデオロギーを受容することで、それより優れていると感じるように男性を仕向けるのである。そうすることで武士道は、男性が自らの根本的な人間性に反した生き方をするようにさせ、自らの偽りのないマインドフルな心を表現する可能性そのものを根こぎにする。したがって、武士道には権威も誠実さもありえるはずがないのだ。

こうした議論の方向性に沿って、宣長が主張したのは、もっとも真に人間的なものとは武士が「女性的」としたものだということだ。彼は本来の人間とは、合理的な思考ではなく直観によって、肉体を離れた知性ではなくマインドフルな心によって、原理原則への義務感ではなく全体論的な反応によって、動かされるものであると見なした。このような人間は、他者——人と事物の双方——と深く触れ合っているので、全てと接触しているのである。こうした人間が住む社会共同体は、自然界に親しんで暮らしているが、自然さに劣らず社会的な相互関係を重視している（宣長による道教批判は、社会的なものの軽視に向けられた）。実際、宣長からすれば、日本語で『源氏物語』や多くの和歌集のような作品を生みだした平安朝は、こうした理想的な共同体に近いものだったのである。宣長は、美的なものとスピリチュアルなものとが「物に、あぁ、と感ずること（もののあはれ）」を味わうことで一つになると考えた。宣長が理想とする「真の男性」は空威張りする武士ではなく、感受性のゆえに流す涙で袖を臆面もなく濡らした平安朝の審美家であった。

こうした現実離れした《ロマンティックな》ビジョンは、一般に思われているような神道的価値観に根ざすとされる戦争期の日本的イデオロギーとは、まったく異なるものである。宣長が見出したと考えたのは古道——誠実さ、純粋さ、自然との調和という伝統的な価値観へと帰る道であり、畏怖を感じ取る能力であり、スピリチュアルかつ美的な感受性を共有する共同体のなかでかけがえのない生を賞揚すること——であった。しかし、その後の数世紀において、予想のつかなかったことが起きた。宣長が主張していたのは、神道を他のすべての宗教からきわだたせる、神道独自の本質であった。日本文化の流れを『古事記』にまでさかのぼることで、宣長はまさに本質主義的な神道的スピリチュアリティの種がもともと蒔かれた地点へと立ち戻っていた。この種は、ほぼ千年ものあいだ眠ったままだったのである。ところが宣長の後継者たちは、宣長が主張することはもとより、想像だにしなかった、闘争性の根拠とするために神道の本質を定義し直した。宣長が発見した古道は、社会工学的な設計図となった。彼の空想的《ロマンティック》な郷愁の小道は、イデオロギー的ブルドーザーを導き入れ、それが近代化や軍事的展開、好戦的な愛国主義の熱情に道を開いたのである。古道は姿を変え、乗り入れが制限された通行料の高い高速道路のネットワークとなった。こうした展開については、次章で論じることにしよう。

編注1　一五一頁、編注2を参照。

# 第五章　すべての道は東京に通ず（一八〇一～二〇〇二年）
## ――イデオロギーを作ったエンジニアたち

本居宣長の死後も国学運動は発展し、影響力を獲得しつづけた。しかし国学者たちは、その関心や観点、構想において決して一枚岩ではなかった。本書の目的からすれば、ポスト宣長の運動構成要素で、おそらく今日まで神道に最大の影響を与えてきたものに焦点を置くことができよう――すなわち平田《ひらた》篤胤《あつたね》（一七七六～一八四三年）と結びついた思想の流れである。一八〇一年は宣長が亡くなった年だが、明らかに一度も会ったことはないにもかかわらず、篤胤が自分を宣長の弟子だと宣言した年でもある。篤胤とその弟子が展開した神道解釈は平田神道と呼ばれ、先行する国学者、とりわけ宣長に関連するより一般的な「復古神道」の重要な学派となった。

### 篤胤による新たな神道像

篤胤の関心は、はじめ道教と儒教という漢文の古典にあったが、その後焦点を国学へと移した。篤胤は宣長の著作に深く啓発されたものの、その主張の一部を拡大し、その他は周辺へと追いやった。宣長同様、彼は神道、つまり古来のカミの道の熱心な信奉者であった。とくに篤胤を魅了したのは、外国文化の影響以前の日本らしさの核を明らかにしようとする宣長の関心である。文献学へのかかわりに関して、篤胤は宣長ほどの専心ぶりを見せずに、自身の古代のテクストの解釈を、日本の民間信仰や習俗の民族誌的な研究でおぎなった。日本の農民のほとんどはそれほど読み書きができず、王朝文化からも都市化からも影響されていなかったので、大陸の思想や価値観によって救いようもないほど堕落させられてはいないと篤胤は考えた。したがって、日本人の「古道」を取り戻そうとするなら、日本の庶民の価値観や思想、習俗を利用して、宣長による日本古典研究を補完できるとしたのである。

しかしある時点で、篤胤の試みは宣長の業績を補完するより、むしろそれを修正しようとするものになった。相違点のいくつかを挙げることで、平田神道がいかに宣長の思想を利用して、宣長が理想とした社会から大きく異なった社会の基盤としたかが説明できるだろう。まず、この二人の国学者のあいだには気質の違いがある。篤胤は、宣長の平和主義的で審美的な感性は持ち合わせておらず、篤胤自身の資質はむしろ政治活動家に近かった。宣長は文化の変化のありようを心の変化と見ていたが、篤胤は意志における変化と見なした。この違いのあらわれ方の一例として、国学者の多くにとって最も重要なものであった

「大和魂」という語の用いられ方を考えてみよう。宣長にとって大和魂は、大陸的価値観に支配される前の古代日本で尊重された、人間性の「女性的」な美点への回帰を告げるものだった。これに対して篤胤は、大和魂を「尊王攘夷」という十九世紀前半の政治的スローガンに直接結びつけたのである。つまり、宣長と篤胤との違いは、世界との美的なかかわりと戦闘的なかかわりとの違いなのであった。

第二に、両者の方法論的な違いは、新たな〔論証の〕証明のルールをもたらした。一方で、宣長は客観的な文献学的立場に近いものを保とうとした。この立場は、『古事記』をはじめとする古典テクストに対する、ほとんど原理主義的なほどの宣長の直解主義的な尊重から生じたものである。実際には、宣長は少なくとも、他のどの自称直解主義者とも変わらないくらい、自己流解釈の影響を受けやすかった――テクストの読解にあたって、不可避的に自分自身の観点を読み込んでいるのである。しかしテクストは――少なくとも方法論的、理論的には――手つかずのままであった。彼は、自身の古道に対するとらえ方を、テクスト自体のどこかで同じものと照合できるまで確定しなかった。他方で、篤胤は民族誌的な研究を、証拠に加えて発想の根拠としても用いていた。篤胤は、宣長の文献学的方法を拒絶したわけではない。実際のところ、彼は文献学的、テクスト的議論を、可能なかぎり用いて自分の論拠を固めようとしたのである。だが、篤胤にとって判断をあおぐべき権威は、少なくとも彼の理解では、『古事記』だけではなく、日本の田舎の農民の精神でもあった。このアプローチによって、篤胤の学説には反知性主義、反エリート主義という特徴が顕著になったが、それは儒教や仏教の学者の「合理主義的」な精神を罵倒していた宣長にも、あまり見られないものであった。宣長にとって、古道は美的共同体を通じて文化変容され、学びとられる必要があった。そのため宣長は、より古い『万葉集』の和歌のように無節操な情緒主義と彼が見なしたものよりも、平安朝の美学を好んだのである。八世紀に編纂された『万葉集』は、日本語で残された最古の詩歌を代表するという理由で、宣長以前の国学者からきわめて高く評価されてきたものだった。宣長は『万葉集』の素朴でマインドフルな心を、白い着物の純潔だが地味なあり方になぞらえたが、一方で平安時代の洗練されたマインドフルな心は、宮廷の優雅さをそなえた、上品で洗練された縫い取りを施した着物であるとした。このように、平安期の洗練された感受性は、宣長にとってあきらかにそれ以前の詩的表現形式よりも優れたものだった。誠実さの点で、それ以前の美学と同じであったが、〔平安期には〕さらに共同体と伝統という意識によって価値が高められていたのである。これに対して篤胤は、このような教養の高い感受性は外国からの影響を反映したものだと考え、教育のない農民こそが日本の古道に最も通じているのだと主張した。

そして第三に、篤胤は宣長のアプローチのなかに、宣長がごく漠然としか意識していなかった前提――とりわけ、より本質主義的なかたちの神道的スピリチュアリティへの移行を支える前提――を見出した。なかでも彼は、宣長の立場が本質主義的な形而上学的前提――すなわち日本の伝統と日本人には、他に類がなく、スピリチュアルに根源的なものがあるということ――に立脚していることを認識していた。この点について、宣長自身はややあいまいだった。もちろん彼は、日本人には他の誰にもないものが確かにあると考えていた。しかし彼は時に、そうした特別さを人種的・民族的優越性以外のものに帰している。たとえば宣長によると、『古事記』のために考案された風変りな書記体系は、日本において堕落していない創造の物語をしっかりと保っている。しかしそれが保たれたのは、日本人に運があったから、さらに言えば先見の明がなかったからで、スピリチュアルな霊感や人種的な天賦の才のおかげではないと宣長は考えたのである。要するに、日本の独自性と本質主義を主張するという点に関して、篤胤は宣長に負うところがあったが、だからといって宣長の意図に完全に忠実であったというわけではないということだ。

民族的本質主義と普遍主義の関係は、つねに複雑である。この関係の処理の仕方は、宣長と篤胤ではいくぶん異なる傾向があったと考えられる。一般的な問題（決して、ここで論じている時代や場所に限られるものではない）は、いかに民族性《エスニシティ》（あるいは人種ないし文化）を人類全体に関連づけるかということだ。たとえば、われわれがきわめて自意識の強く、勢力のある民族的（あるいは人種的ないし文化的）集団に属しているとしよう。その場合、「われわれ」は、自分たちの「外」の集団との関係をどのように理解すればよいのか。次のような選択肢を考えてみよう。

**立場A**：われわれの民族性（あるいは人種ないし文化）は、われわれだけに（あるいはおもにわれわれに）とって正しい、あるいは価値あるものだ。したがって、われわれの目標はそれを地域ではぐくみ、外来の思想や価値観によって歪曲されないようにすることであるべきだ。

**立場B**：われわれはこの民族性のゆえに、すべての人類にとって真実であり価値のあるものにアクセスできる。しかし、他の人々はまだこのことを理解していないかもしれない。そのことからわれわれには、自分がもつものを他の人々と共有する責任が生じる。このことを行なうにあたって、三つの選択肢がある。

**選択肢1**：われわれは最善の努力を払って、われわれ自身の文化のなかのパラダイムを、他の人々すべてに向けて要約して説明すべきである。そうすれば、外部の人々はわれわれの民族性ないし文化があらわす真実と価値を、自分たちで理解できる。

**選択肢2**：われわれは、他の人々にわれわれのやり方の価値を、情報を発信したり隠さず議論したりして、納得させるよう努めるべきである。

**選択肢3**：他の人々の利益になるのだから、われわれは何らかの強制力を用いて、彼らがもっとわれわれのようになるよう手を貸すべきである。あとで彼らがわれわれの生活様式の優位さを理解すれば、彼らはわれわれの干渉に感謝するはずだ。

多くの国学者、とくに宣長以前の国学者たちの議論は**立場A**を超えてはいない。彼らが危惧したのは、大陸の影響のために自身の文化的・民族的起源を失うことであり、望んだのは日本人の古道を、完全に失われる前に発掘し保存することであった。むろん、こうした立場には国家の威信《プライド》という要素があるが、帝国主義的、さらには国粋主義的である必要はない。宣長は、その著作ではおおむね**立場A**に賛成していたように思われる。しかし彼は、自分が日本だけでなく世界全体の創造についての真の物語を見出したと信じていたので、場合によっては**立場B**もとっているように思われる。つまり日本文化は独特の状況に置かれているため、日本人以外の人々とも共有すべき価値あるものをもっているというのだ。そうであるとすれば、宣長は三つの選択肢のどれを選んだだろうか。おおむね、彼は**選択肢1**を選んだと推測できる。つまり、理想的な社会を築くことで、日本で保存され体現された古道が他国民にとっての刺激となりうる、というのである。これに対して篤胤は、**選択肢2**ないし**選択肢3**の干渉主義をもっとも好んだろうと思われる。篤胤の運動の後継者たちは、確実にそうだった。つまり、平田神道の指導者の多くは本質的な日本らしさを前提としたため、その結果、日本人は規範として追求すべき、世界における特別な使命をもつということになったのである。もし（宣長が主張したように）日本人が創造の物語を正しく理解し、(宣長がしばしば示唆したように)創造の物語が日本だけでなく、世界にも当てはまるものなら、日本の天皇は日本国内だけでなく、世界において果たすべき役割をもつことになる。これが平田神道の論理だった。

こうした観点と目的の違いのため、篤胤の解釈はつぎの二つの点で宣長とは逸脱し、それがその後の神道の教義と制度化に重大な影響をもたらすことになった。その一つは、カミと創造の関係であり、もう一つは来世の性質である。これらは表面的には、かなり抽象的で難解な形而上的問題で、国粋主義や軍国主義とはほとんど関係がないように見える。しかしわれわれの考えでは、ここがまさに、本質主義的な神道的スピリチュアリティが実存的なものを圧倒する歴史的地点なのである。本質主義的にスピリチュアルな伝統においては、本質と称されるものが教義を決定し、教義がある種の行動を命じたり禁止する。さらに、こうした命令ないし禁止を実行するように制度が作られるのである。要するに、このような文脈では、形而上学的な教義の発達は、重大な価値論的、政治的、社会的変化――いずれも宗教ないしスピリチュアリティの名のもとでの――の前触れとなりうるのだ。ここで引き合いに出した二つの問題――創造と来世――の背後には、ほとんどの本質主義的伝統が投げかけると思われる重要な質問がある。つまり、「どのように、なぜ、われわれはここにいるのか」「どこにわれわれは行くのか(あるいは、行くべきなのか)」というものである。

この二つの質問に答えるにあたって、篤胤が主張したのは、『古事記』と『日本書紀』という二つの年代記でその名の挙がったカミであるアメノミナカヌシが、創造の唯一の源泉だということだった。さらに篤胤によれば、死にあたっては別のオオクニヌシというカミがその人生の功罪を判断し、来世でのふさわしい居場所を決定することになる。これら二つの見方のなかに、日本・西洋の双方で、多くの研究者がキリスト教との興味深い類似点を見出した。篤胤は、少なくともキリスト教の基本的な教義に接していたので、その影響を受けた可能性は確かにある。しかし彼のこの二つの見方には、仏教の観点とも関連したところがある。すでに見たように、それまでほぼ千年にわたって支配的だったのは神仏習合である。神道から「外来の」要素をすべて排除するという国学の構想によって、仏教と神道との内在的関係は壊れた。そしてすでに見たとおり、内在的関係が壊れると、つながりを失った構成要素は自らの一部を失うことになる。神道を「復興する」ことに関心をもった国学者——篤胤のような人たち——は、失われたもの、つまり以前なら仏教が補なっていたものを、先を争って穴埋めしようとしたのである。さらに言えば、もし、キリスト教もこの失われた部分の代案をもっているのなら、次のことが一層明らかになる。すなわち、神道が劣ったもの、哲学的に未発達なもののように見えないのなら、欠けた部分の解決に取り組まなくてはならないのだ。この二つの問題をもっとくわしく検討してみよう。そうすることで、篤胤がなした冒険的な事業の知的文脈を探り、その哲学的方法の理由を理解することができるからである。

まず、創造という問題がある。国学の目標が古道へ帰ることであるとすれば、明らかにその起点に帰るべきである。これは宣長が、日本語で書かれた最古のテクストである『古事記』の解読に三十年をかけた理由である。しかしすでに見たとおり、創造についての神道思想の根拠を『古事記』と『日本書紀』の説明にのみ置くなら、テクスト上の難問が生じることになる。実際、この二つの記述は細部のいくつか（何より重要な太陽のカミの誕生など）で明らかに一致していない。テクストの解釈者たちは、たとえば聖書注釈者が旧約聖書の「創世記」にある二種類の創造物語の矛盾点に取り組んだのと同じように、いずれこの問題を解決できるだろう。しかしもっと深刻な、テクスト的というより形而上学的な問題があった。神道の正典であるこの二つの年代記の全体的な眼目は、創造がカミたちの活動による意図しない副作用として、偶然に起こったということだ。出来事によっては、何かしらのカミのあからさまな意図がみとめられるものもあるが、全体にわたって筋道の通った神の計画ないし目的というのはない。さらに、全体の過程が厳密にはどのように始まったかという具体的説明に関して、テクストの描写は意味をとらえにくい。テクストは、いかにさまざまなカミが生まれたかを物語る——しかし最初のカミはいたのだろうか、そしてそのカミの前に何か存在していたのだろうか。第四章で見たとおり、かつて神仏習合ではこの問題を、太陽の女神（アマテラス）と太陽の仏（宇宙的な仏である大日如来）とを象徴的に関連づけることで解決しようとした。大日如来は宇宙を創造してはいないが、仏教の教義では、世界は大日如来の活動に等しいとしている。したがって、すべてのものは少なくとも大日如来に根拠をもっている。本地垂迹《ほんちすいじゃく》説によると、アマテラスは大日如来と相関関係にあるので、このカミはまた万物の存在論的な基礎と見なされる。あきらかに、これが垂迹曼荼羅《まんだら》でアマテラスを全てのカミの起源として描いていることの意味である。しかし、国学者は仏教を神道から切り離そうとしたので、こうした理論をもはや是認することはできなくなった。正典に根拠がなかったからである。事実、『古事記』も『日本書紀』も、アマテラスの前に他のカミが（イザナギ、イザナミを含めて）いたと明確に述べている。こうして、仏教に影響を受けた説明は選択肢ではなくなり、仏教から分離したことで神道の天地創造物語には穴が残されたのである。

この問題を、あらためて純粋に形而上的な問題として述べてみよう。神道の潜在的な競争相手——仏教、キリスト教、朱子学——のいずれもが、実在の性質についてそれぞれの根拠をもっている。密教には宇宙的な仏としての大日如来、キリスト教には創造主としての神があり、朱子学には実在と一致する、根源的な「型」ないし「原理」（「理」）がある。これに対して、神道は少なくとも一度、神仏習合から切り離されたため、創造の意味を示すことができる比較に値するだけの出典を欠いていた。さらに、十七世紀に進展した神儒一致も同様の問題に直面し、それに応えて朱子学の理念による神道の存在論の説明を行なった。たとえば山崎闇斎は、第四章で触れた垂加《すいか》神道を展開するなかで、朱子学の原理ないし型となる思想を借りて、実在の意味についての根底にある源泉とした。篤胤はおそらく若いときに闇斎の思想に触れ、この危機に瀕していた形而上学的問題を十分に理解していたと思われる。しかし、自らの本質主義的で排外主義的《ネイティビスト》な神道を展開するにつれて、篤胤は、神道には儒教あるいは仏教といった外国の伝統から借りたものでない、独自の形而上学的根拠が必要であると認識した。その意味は、神道によればいったい何なのか。無ではなく何かが存在するのはなぜなのか。実在にはどのような合目的的な根拠があるのか。篤胤は、たとえそれが自分の崇拝する宣長の解釈からの逸脱を意味したとしても、その探求をはじめたのである。

篤胤は『古事記』の物語のなかの一つの語句の読み替えを考案し、それにいくぶん拡大解釈を加えることで、次のような主張を行なうことができた。すなわち、実は創造には始まりがあり、創造の行為は物語のなかで最初に名指された神、アメノミナカヌシによって行なわれた、というのである。この新たに考案された神道の天地創造説は、仏教や朱子学、キリスト教に由来する意味の形而上学的な根拠に対して実用可能な日本固有の代案を提示するものだった。篤胤にとって、世界は大日如来の宇宙的身体の延長ではない。朱子学で主張されているような型ないし原理と一致する過程でもなければ、キリスト教の神による被造物でもない。そうではなくて、創造者である〔造化神〕、アメノミナカヌシの意図的行為なのだ。篤胤は、これが正典のテクストにもとづく、純粋に神道的な教義であると主張した。

一見して奇妙に思われるかもしれないのは、篤胤がアマテラスの地位を下げるように見える解釈を展開していることだ。何と言っても、篤胤は真の天皇支配の再興を強硬に支持していたし、アマテラスは天皇家の血統とカリスマ的権威の源泉であった。しかし篤胤の説では、存在論的に最も根源的なカミはアマテラスではなく、アメノミナカヌシなのである。この主張は、天皇の支配を回復したいという篤胤の願望にとって逆効果に見えるかもしれないが、折り合いがどこでつくかを考えてみよう。彼は、アマテラスと大日如来との関係を絶縁させた。アマテラスが神仏習合において宇宙論的な優位性を獲得したのは、たんに宇宙的な仏である大日如来の「垂迹」であることによるものだった。『古事記』ないし『日本書紀』が、アマテラスにそうした地位を与えたなどと、真面目に主張できた者はいない。神仏習合以前、アマテラスの特別な地位については、この地上界（あるいは解釈によっては、日本の国土）での支配を、彼女が他の天上のカミから委任されたという信仰に存在していた。記紀神話によると、アマテラスは世界の創造にあまり関わっていない。しかし、全てのカミがアマテラスにこの世界の支配権を与えたと認める限り、そこから拡大解釈して天皇家はいまだにそのカリスマ的権威をもっているということになる。要するに、天皇は宇宙全体を支配するわけではなく、ただこの地上世界ないし日本の国土のみを支配するのである。篤胤の視点からすると、篤胤は唯一の起源と神の計画を明らかにした。それは創造に始まり、アマテラスにこの世界の支配権をあたえたカミやアマテラスを経て、直接、天皇家の系譜に至る。篤胤の巧妙な教義の操作によって、天皇支配とカミとの内在的関係は創造そのものにまでさかのぼり、神道以外の伝統のいかなる教義にも頼らずにすむようになった。もはや、神道を他のどんな宗教の天地創造の形而上学と習合させる必要もないし、実際その可能性もないだろう。自分の新しい解釈で、アマテラスがもはや実在の存在論的根拠とみなされなくなったとしても、篤胤はそれを受け入れることができるだろう。彼にとって重要なのは、自身の新たな神道的天地創造説によって、神道の本質をしっかり密封していかなる外来的要素による蹂躙《じゅうりん》からも守り、天皇支配に対する神道独自の正当化を維持し、強化さえしたということだったのだ。

それでは、宣長の遺した神道解釈に篤胤が加えた重要な変更点のうち、二つ目にとりかかることにしよう。それは来世の再解釈である。すでに見たように、宣長は『古事記』の読解にもとづいて、死体が腐敗する暗い地下の世界、黄泉《よみ》の国の存在を信じていた。文献の研究を通じて宣長が正当化することができたのはそこまでで、方法論的な厳格さゆえ、それ以上言うことをしなかったのである。自身の葬儀について弟子に与えた指示からすると、宣長は生涯、こうした幽冥観をもっていたようだ。しかし前述のとおり、篤胤はこのような問題を考えるにあたって、他にも典拠をもっていた。つまり、庶民の民間信仰である。死後に起こることについての日本人の庶民の見方が、いかに複雑で重層的であるかは、すでに見たとおりである――そのおかげで、篤胤は理論を組み立てるのに十分な余地を得ることができた。篤胤が何を根拠にしたかという詳細に立ち入らずに、彼の思想の要点について考えてみよう。『古事記』と『日本書紀』の記述の解釈で、篤胤は一般的な神道におけるケガレと清めの重視に加えて、善悪の両極性を強調している。こうした道徳的な二項対立は、道徳主義化を軽蔑すべき「からごころ」のあらわれと見なした宣長には、無縁のものだった。しかし篤胤の解釈では、善悪それぞれの行為に対してカミにもとづく根拠を打ち立てることをよしとした。すなわち、カミの道に従うことは善、はずれることは悪となるのである。さらに篤胤は、人の死後の運命は臨終のときに、それまでたどってきた人生によって決まるという考えを打ち出した。つまり、篤胤は宣長とは異なり、黄泉の国が死者全てにとっての永遠の住処だとは主張しなかった。人の生き方、死に方が、来世における運命に違いをもたらすと考えたのである。

宣長が黄泉の国の物語を強調したのは、彼自身の『古事記』解釈に直接もとづいたもので、それ以外の根拠はない。事実、すでに見たとおり、宣長の平和主義は部分的には、死と来世に肯定すべきものはないという、彼の信仰にもとづくものだった。しかし、当時の日本の庶民の信仰体系で、黄泉の国はほとんど重要性がなく、篤胤の幽冥観のほうが日本人の多くが前提とする考え方に通じるものだった。つまり、仏教ではつねに、人の死後の生まれ変わりは、その人が生前にどう生きてきたかによるとされてきたのである――これは、仏教の一般的な業《カルマ》の理論からくるものだった。日本で信者の多い浄土系を含めて、多くの仏教宗派が、この世のあとで生まれ変わる理想の住処に関心を集中してきた。たしかに、仏式の葬儀は宗派を問わず（当時すでに葬儀はほとんどみな仏式になっていたのだが）、このような思想を推し進めてきたことだろう。また、神道系の伝統においてさえ、すでに述べたとおり、死後「天神」となった菅原道真という先例がある。さらに、日本人の幽霊や霊魂への強固な信仰を挙げておこう。これらの要素が全体として働いた結果、来世を報奨と罰の場所ととらえる篤胤の、差異化した見解を日本人が受け入れる傾向になったのである。

篤胤による来世の神道的解釈は、実質的な違いを生んだのだろうか。たしかに生んだのだ。もし、宣長の黄泉の国解釈が一般化していたらどうなったかを考えてみよう。この見方に立てば、この世で何をしようと死後の運命は同じということになる。つまり、悪臭を放つ地下世界で腐り続けるのである。宣長によれば、死には明るい面などなかった。死は人間にとって悪いことで、甘んじてそれを受けざるをえず、それに慰めを見出すことなどできない。神道は彼にとって、生の賞賛であった。つまり、生の貴重なはかなさ、その驚異への感応、人、もの、そしてことばの「こころ」が響き合うことである。そうしたものが、この平和主義的で審美家であった宣長にとっての神道であった。その対極に位置するのが篤胤である。人の生き方は、カミに従うか背くかで、臨終のとき重大な結果をもたらす。たとえば、天皇を守るために死ぬことは、創造の時以来の世界構想に一致して生きることになる。古代からのカミの道にそのように身を捧げることは、来世で報いられねばならないはずである。すでに触れたように、篤胤は「大和魂」、つまり「本来の日本人の魂《スピリット》」を「尊王攘夷」というスローガンで言い換えて説明していた。したがって彼の考えでは、天皇のために死ぬことは、極めて不潔な地下世界に行くことであるはずがなかった。全く反対に、オオクニヌシはそういう人を善と見なし、それにふさわしい報奨をその霊魂に与えるのである。これが、篤胤のような軍国主義者にふさわしい、神道的な死のとらえ方であった。

第三章では、本質主義的な神道理論を八世紀の前提にもとづいて構築することができるということを確認した。日本人向けにこの仮説を述べれば、次のようになる。

『日本書紀』『古事記』で説明されているとおり、あなたが個人として存在できるのも、あなたの〔暮らすこの〕世界が存在しうるのも、カミのおかげである。この依存関係のため、あなたはカミと内在的に関連している。天皇と皇后はこうしたカミの直接の子孫であり、そしてその特別な役割からすれば、あなたがカミとつながるのは彼らを通してなのである。だから、あなたが日本人なら、神道信者であるはずだ。神道信者なら、天皇とそれに仕える政府に絶対的な忠誠を尽くす義務がある。

もちろん、八世紀にこのような主張をした者はいないが、当時すでにその種《たね》は存在した。第四章で説明したのは、神仏習合がその発芽をいかに遅らせたかということだ。宣長は、生まれた国の大地を耕すなかでこうした種を発見したが、それが最後に最も美しく花開いたのは平安時代だったと考えたのである。ところが篤胤は、それを革命の種だとみなした。彼が明らかにしたのは——千年にわたって隠されてきたイデオロギーである——本質主義的な神道的スピリチュアリティのための国学であった。篤胤はその種を蒔き直したが、それは日本という国家の新たなビジョンをはぐくむ、成熟した本質主義的な神道的スピリチュアリティとして実を結ばせるためだったのである。

まとめると、十九世紀前半までには、八世紀の思想の再生と再構成にもとづく復古神道の理論を展開するなかで、国学運動は神道に一連の明確な性格を与えるイデオロギーをとのえた。第一に、神道は今や（宣長のおかげで）公式の正典をもつことになった——『日本書紀』と、非常に特別なものとしての『古事記』である。第二に、過去に対して懐旧的で理想化した見方が発達したが、その中心には、日本的であることには何かしら本質的に特別で他と異なるものがある——そしてこの本質は神道と複雑に絡み合っているという思想があった。第三に、神道の教義はその天地創造説と形而上学的前提を含めて、その他のスピリチュアルな伝統を避けて密封されてきた——最も重要なのは、仏教と神道の教義の密接な関係が絶たれたということだ。第四に、天皇が中心的立場にあることの論拠が、天皇を日本人、国土、カミのホログラフィー的入口とすることで確認・強化された。第五に、篤胤特有の復古神道は善悪二元論を加えた——そして、来世との密接なかかわりを組み入れることで完成した——。これらの特徴が全体として、新たな本質主義的な神道的スピリチュアリティにとっての哲学的な基盤となったのである。すなわち、神道は他のすべての宗教にはない独特の核があり、規範に関する議論の根拠となる創発的な（emergent）教義体系があり、また（天皇支配にもとづく）新たな制度の構造を明白に正当化するが、それは行動、思想、価値観への中央集権的な管理の根拠となるものである。少なくとも哲学的には、神道的アイデンティティはもはや、人がいかに感じ、ふるまうかということを事後に描写するものではなくなった。今やそれは、日本人であることの本質となった——人がいかにふるまい、考え、感じるべきかという明確で規範的な規定を備えた本質なのである。

　しかし実際の変化の起き方についてあまり観念的にならないようにしよう。ヘーゲルもよく知られた格言も、どちらも以下の点で間違っている。思想が世界を変えるのではない、世界を変えるのは思想をもった人々なのだ。それどころか、変化には実に多くの人々が、たとえ同じ思想や価値観を共有していなくても、ともに影響しあうことが必要だ。なぜなら革命が成功した後で、「ではどうするか」という問題で、しばしば勝者側の人々に不和が生じるからである。何が残るべきではないかという実際的問題については意見が一致するかもしれないが、革命後、何をその代わりにすげ替えるべきかについては、根深い対立があることを発見することになるかもしれない。結局のところ、篤胤は日本という国を変えるという仕事にふさわしい人間ではなかった。彼は知識人として、ごく限られた政治的・経済的基盤しかもっていなかった。実際、その晩年にかなり多数の信奉者を集め始めたらしいとわかると、幕府は彼を東北地方に追放した。しかし一八六八年の王政復古後の数十年間、勝者による歴史が篤胤を天皇主義ナショナリズムの英雄に祭り上げると、「平田神道」は少なくともしばらくのあいだ、公式の追従の標語となった。要するに、平田神道のイデオロギー的な影響力は、明治維新の変革期よりも維新後の数十年間のほうが大きかったのである。

## 王政復古

では篤胤でないとすれば、変革の主体は誰だったのか。主要な担い手は三つの集団、すなわち知識人、農民、大名であった。最初の集団に属するのは、金と権威、政治権力を利用できた知識人たちである。ただ、天皇を政治的権威に復帰させようとする要請は国学者に限られたものではなかった。この集団には儒学者、とくに勤王派で儒学と神道の連携をはかる儒学者たちも含まれていた。彼らの政治力は、登場したばかりの国学者をしばしば超えていた。もっとも影響力が大きかったのはおそらく水戸学派で、これは最初は儒学系、のちに神儒一致を標榜することになるシンクタンクであり、江戸からさほど遠くない水戸にあった。この学派は、日本の朝廷の総括的な歴史を編纂するプロジェクトとして始まった。このプロジェクトを創設した後援者は、徳川初代将軍家康の孫である徳川光圀《みつくに》（一六二八～一七〇一年）であった。十八世紀末までに、水戸学派は天皇に対する国粋主義的な自矜《プライド》と忠誠の温床となっていた。実際、篤胤に関連して前述したモットー「尊王攘夷」を最初に用いたのは、水戸藩主徳川斉昭《なりあき》（一八〇〇～六〇年）に仕えた学者、会沢正志《あいざわせいし》斎《さい》（一七八二～一八六三年）だったと考えられる。皮肉ななりゆきで、斉昭の息子徳川慶喜《よしのぶ》（一八三七～一九一三年）が維新当時将軍の座にあり、大政奉還を強いられることになった。このことが示唆するのは、水戸学派の学者たちがきわめて権力――実際の権力と可能性としての権力双方――に近い場所にいたということだ。このように権威に対して入り組んだ関係にあったため、水戸学派の知識人たちはあきらかに、維新のパワーポリティクスにおいて平田学派の国学者よりも大きな役割を担っていた。しかし水戸学派の関心は宗教よりも歴史研究と政治にあったので、平田神道は維新がなしとげられてから、影響力をふるおうとした（ところで、維新政府の背後にあった知識人たちは国学に全く疎かったので、宣長と篤胤の神道観は同じだと考えていた。二、三十年たってその違いがようやくあきらかになると、平田神道はその威信を次第に失っていった)。

変革の主体として第二の集団を形成した農民たちは、明治維新に積極的に参加した。徳川幕府と幕府に支えられた大名たちは、その二世紀半にわたる支配のあいだ過酷な徴税政策をとり、コメ市場を操作し、農民にとってきわめて壊滅的な苦難をもたらした。これに対抗して、江戸時代を通じて農民の一揆が散発的に起きている。十九世紀の幕末期には、こうした一揆において、しばしば知識人と農民との強固な同盟が見られた。たとえば飢饉の年であった一八三七年には、特筆すべき百姓一揆が二件起きている。一つは大坂で起きたもので、それを率いたのは大塩《おおしお》平八郎《へいはちろう》(一七九三～一八三七年)という名の陽明学者であった。最終的にはこの指導者は一揆の失敗後、自刃を強いられたが、一揆によって大坂の建物の四分の一が破壊された。もう一つは現在の新潟県で起きたもので、指導者は生田万《いくたよろず》(一八〇一～三七年)と言い、篤胤の弟子であった。この事例では、篤胤による農民との非エリート主義的接触が具体的な政治的結果をもたらした。生田は柏崎で国学の塾を開き、くりかえし藩主に、法外なコメの値段について苦情を申し立てていたのである。彼は絶望のあまり一揆をおこしたものの失敗し、大塩のように最後には自刃せざるをえなかった。

変革の主体となった第三の集団は、天皇に強い忠誠心をいだいた日本各地の諸大名である。農民同様、多くの大名は、数世紀にわたって幕府にさまざまな不満をもっていた。さらに、より戦闘的な大名たちの多くは、西洋の帝国主義の脅威に対する幕府の政策に賛同していなかった。十九世紀初頭以降、西洋の艦船が偶然に日本の領海に漂流してきたりし、さらには乗組員が上陸する事態が起きていた。各地の軍国主義的な大名たちはこれを切迫した危機とみなし、幕府には日本の防衛に欠かせない対抗策はとれないと考えた。百姓一揆の頻発が示すとおり、幕府が国内問題を断固として抑制することができなくなっているのは明らかだった。今度はさらにいっそう不穏な脅威が海外からもたらされた。マシュー・ペリー提督の率いる砲艦が東京湾に一八五三年、五四年と続けて入り、開国して合衆国との貿易を始めるよう日本に強要したとき、多くの大名はそれを海外の帝国主義国への最終的な、受け入れがたい無条件降伏と見なした。さまざまな集団からの圧力が一つとなった結果、将軍慶喜はその権力のほとんどを天皇に奉還した。これは将軍職のなごりだけでも残そうとする、死に物狂いの試みだったのだが、結局は失敗した。それは薩摩と長州という西南日本の諸侯に率いられた武士集団が京都御所を急襲して占拠し、最終的に徳川幕府の権力を完全に放棄するよう強いたためである。首都（つまり天皇の住む都市）は京都から江戸へ移り、江戸はそれ以降、「東京（東の京《みやこ》）」と呼ばれることになった。

明治維新につながった諸事情をまとめておこう。鍵となる三つの集団——知識人、農民、諸大名——は三つ巴となって、幕府を覆すのに必要な知的、民衆的、軍事的支援をおこなった。これら三集団は神道と関連していたが、その関わりは生田万の乱への平田神道の影響のように直接的な場合もあるし、日本の真の統治者としての天皇への忠誠を通じてという間接的なものである場合もある。この天皇統治という権威は、いまや復古神道イデオロギーのなかでイデオロギー的に確固不動のものとなったので、神道が新しい天皇の政府で鍵となる役割を果たすことになるのは当然だった。この事業において、少なくとも最初は、平田神道が指導権を握ることになったのである。

## 戦争期の近代神道（一八九四〜一九四五年）

一八九四年（日清戦争開戦）から一九四五年（第二次世界大戦終結）までの時期、日本は国外のどこかで戦争をしているか、次のそうした戦争に備えているか、どちらかの状態にあった。それ以前には、国境の外で長期にわたって戦争を行なったことはなかった。したがって「海外での戦争」は日本にとって比較的新しい現象であり、国内で分析や解釈が必要なものだった。新たに発達しつつある本質主義的な神道イデオロギーは、その企てにおいて中心的な役割を果たすものだった。本質主義的な神道的スピリチュアリティをナショナリズムに奉仕する任務に加わらせるイデオロギー的余地を確保する目的で、日本政府は今日では一般に「国家神道」と呼ばれるものを支持した。国家神道の登場は、一つの出来事として定義することはできない。むしろそれは複雑な過程で、明治時代の夜明けである一八六八年にまでさかのぼり、一九四五年の太平洋戦争終結まで続いた。実際には、「国家神道」という語自体、一般的になったのは主に一九四五年以降のことなのである。近年になってようやく、過去についての洞察と学問的自由のおかげで、研究者が神道と近代日本国家との関係を批判的に検証することができるようになったのだ。

国家神道は制度ではなくイデオロギーであり、その基本概念の多くは平田神道と水戸学によって展開された分析に由来する。それを動かしているのが、日本国家の中心は天皇にあるという思想である。まさに一八六八年、明治維新が成功するとほぼ同時に、政府は公式に「祭政一致」を求めた。この宣言は、第二章で論じた「まつり」と「まつりごと」が本来もっていたつながりにさかのぼるものだ。天皇がホログラフィー的入口であり、神秘的で、タマによって活性化された全体を反映しているということが、ここであらためて新たな用語と新たな文脈で確認された。この全体に含まれるのは、天皇と天上にいる創造者であるカミとの親密な関連性、日本の国土、日本人の民族性、国家の統治である。日本人であることのホログラフィー的入口が天皇であることから、この入口なしに人は自らの日本人らしさを測ることはできないし、日本人としてふるまうこともできない、と本質主義的イデオロギーは主張する。つまりアマテラスとの皇統というつながりのゆえに、天皇は日本という国家にとって必須条件なのである。このホログラフィー的入口を通って全体とつながらなければ、当然その人は愛国的でも、誠実でも、正直でも、タマによって完全に活性化された状態でもありえないのだ。人のスピリチュアリティないし魂（ミタマないしタマシイ）は、この天皇というカリスマとのホログラフィー的関係なしには不完全となるだろう。注意しておきたいのは、このイデオロギーの本質主義的な性質である。この新たな文脈でいう「神道」は、人々がいかに行動し、考え、感じるかを記述することについての名称ではない。むしろ、適切なふるまいを記述する（describe）というより規定する（prescribe）、不可欠の資質の名称なのである。

しかしイデオロギーは、制度的な現実を前提としない限り抽象的な概念にすぎない。厳密に言えば、「国家神道」はそれ自体が制度として存在したことはないが、イデオロギーとしては種々の制度の廃止や設立を推進した。十九世紀後半の維新政府には、神道に関する、再編成の戦略が三つあった。このうちの二つは制度的な解体であり、三つ目は新制度の創設である。まず、国学者がすでに思想的になし終えたことにしたがい、政府は神道と仏教の制度的重複の解消に着手した。多くの日本の思想家が数十年にわたって仏教から「土着の」スピリチュアリティを分離しつづけてきたにもかかわらず、日本における日常の宗教的実践は相変わらず習合的なものであった。さらに、すでに述べたとおり、両部神道の伝統のように数多くの神社は仏教寺院の境内にあり、僧侶によって管理されていた。一八六八年、維新政府は神仏分離を強制した。もともと仏教寺院にあった神道の境域は、仕切られて別の境内とされ、そこにあった仏教関連の絵像や建築物は〔破却され〕全て取り除かれた。神社の長となるのは神職に限られ、寺院への政府からの援助は途絶えた。数年にわたって、各地では散発的に仏教禁止令が出されることさえあった——さらに昂じて、家庭から仏教関係の絵像を取り除くことが要求されたのである。

日本政府が行なった第二の脱構築的な行為は、国家神道のイデオロギーにきちんと合致しない、処理できず残ったテクストや教義、教団、実践を、すべて神道から取り除くということだった。そのなかには十九世紀に登場したばかりの、天理教や黒住《くろずみ》教のような、カリスマ的教祖の啓示体験にもとづく思想や価値観、実践をそなえた神道系教団があった。またほかには、すでに述べた吉田神道や度会《わたらい》（伊勢）神道のような、長きにわたって独自の教義を展開してきた神道系教団があった。一八七六年以降、政府はこれらの神道系教団に「教派神道」という公式名称を与え始める。教派神道の教団数は、一九〇八年までに最大数の十三に達していた。「教派神道」という名称は、一八八九年の明治憲法で保障された信教の自由という新たに認められた権利による利点を生んだ。宗教教団として公式に承認されることで、新たな教派神道系教団は、キリスト教のように、教義と実践に対する政府からのいかなる公式な干渉からも守られた「宗教」となったのだ。むろん逆の面から見ると、「宗教」とされることで、政府による教団への財政援助はすべて不可能となった。

しかし、国家神道のイデオロギーがますます強固なものになるにつれて、教派神道の傘下にある教団のなかには、憲法によって守られた自分たちの宗教的自由が、いかに制限されうるものであるかに気づいたものもあった。国家神道のイデオロギーの論理が規定するところによると、その原理に一致しないいかなる行為、価値観、思想も非愛国的であり、反逆的でさえあるということになる。つまり、日本国民は自分が望むどんな宗教を信仰してもかまわないが、国家神道のイデオロギーを受け入れず、それに従って行動しなければ反逆者となり、投獄ないし処刑されうるということだ。それこそがまさに、何人かの教派神道の指導者の身に起きたことであった。

信教の自由というレトリックと、国家神道のイデオロギーに従わない人々への迫害とのあいだには、明らかに齟齬があった。容易に推測できるのは、こうした迫害がとにかく違法だったということ——日本政府の官吏がほかならぬ日本の法律を露骨に無視していたということだ。ほぼ間違いなく、彼らが違反していたのは（少なくとも西洋における信教の自由の観念でいうところの）法の精神であり、その文言ではなかったのである。明治憲法に信教の自由が盛り込まれた理由の一つは、日本におけるキリスト教の弾圧を強く批判する西洋諸国の主張をなだめるためだった。その結果に西洋諸国は満足した。しかし一九〇五年まで、日清・日露の両戦争に勝利した日本は、まぎれもなく強大な帝国主義国家となっていた。もはや、日本は西洋の帝国主義的要求にいちいち叩頭《こうとう》して従う必要はなくなった。それと引き換えに、西洋諸国は、世界の他の地域での自らの軍事的・経済的問題をさしおいて日本に懸念をもつことがあったとしても、その関心の目は、彼らにとって日本の人々の信教の自由より重要だと思うことがらに集まったのである。

干渉されず思うままにできたことで、日本の警察と検察は、宗教上の反体制派が憲法で保障された信教の自由を行使しているのではなく、同じ憲法で定められた、天皇の「神聖にして侵すべからず」という性質と、不忠を許さない明白な統治権を侵害しているのだとでっちあげることがかなり容易になった。政府は折に触れて、キリスト教や仏教の聖職者であっても、説教では天皇の神聖さとカミの守護する力とを支持するべきだと主張した。このことから考えられるのは、政府が国家神道のイデオロギーを制度化するにあたって行なった、解体的というより建設的な活動である。

すでに見たように、維新後の政府は最初から、神道を「よそ者の」仏教的要素と、国家イデオロギーの確立にとって内在的な不安定要因となりかねない神道系教団との双方から、解放しようとしてきた。このような排除の後、神社の大部分は残った。全国的に知られた大社、多くの巡礼地、地域の祭礼の中心、さらには村の鎮守の神を祀る神社さえもである。これらの神社は合計数では膨大（十万以上）であるものの、いくつかの面で弱い立場にあった。第一に、かつて大社のほとんどはおおむね、教育程度の高い僧侶によって管理されていたが、彼らを失ったことで、その空白を埋める有能な神職が払底した。第二に、どれほど数が多くとも、さまざまな神社はたいていどのような組織系統なりネットワークにも、うまく組み込まれていなかった。第三に、習俗や教義にさえも地域差があったが、それらを統一するための明確な実践的ないし哲学的基盤がなかった。この弱点を前に、国家神道の指導者たちがまず試みたのは、仏教・神道の双方から独立し、双方を超越した国民的スピリチュアリティー――宗教ではなく――を発達させることだった。彼らが打ち立てようとしたのは、その背景が神道・仏教のいずれであれ、政府が出資する国立機関で訓練を受けた公認の聖職者〔教導職〕が教える「国家の祭祀」の体系であった。さまざまな理由から、この計画は失敗した。しかし（太陽のカミを祀る）伊勢神宮の指導者たちは進んでこのプログラムをとり上げ、東京ではなく伊勢をその中心とした。これは新たな組織戦略につながるものだった。

国家を支えるために、「宗教」施設ではなく、スピリチュアリティ育成のための施設を新たに設置するという案に代えて、次なる戦略となったのが日本中に存在する神社を利用することであった。制度的な弱さという面で、神社にとっては再編成の機が熟していた。神社はかつての仏教とのつながりが絶たれたため、仏教の教義がもつ精妙さも、十九世紀に突如生まれた新宗教がもつような活力も失っていたのである。十九世紀までは、人々はたいてい、自分たちの信じているのが仏教なのか神道なのかということを気にしてはいなかった。というのも、神仏習合のため神道と仏教の世界観はきわめて相互依存的だったからである。しかし、一八六八年に神仏分離が実施されたことで、神道と仏教のいずれもが自らの一部を失うことになった。過去千年にわたって作り出されてきた、神道と仏教の強固な内在的関係のため、神道は神道だけという状態には戻れず、また仏教も仏教だけという状態には戻れなかった。国粋主義者たちが考えたのは、仏教の残した穴を埋めるために国家神道のイデオロギーと実践を神社に接ぎ木してはどうか、ということだった。まさにこれこそが、政府の行なったことだ。政府は、その新たな組織を「神社神道」と呼んだ。

政府の主張によると、神社神道は教派神道とは異なり、宗教ではなかった。したがって国家はそれを次のようなかたちで援助できる。すなわち、財政的に困窮した神社とその神官に多額の支援を行なうこと、政府が新たに設立した神職教育制度のなかでの神道教義の展開を監督すること、日本各地にある既存の神社と政府が新設を決定した神社で国民的儀式（civilrites）を行なうこと、これらの神社を単一の体系に組織して官僚組織による監視を容易にすること、神社神道の「非宗教的」（"nanreligious"）イデオロギーを学校で教えること、すべての日本国民がそのイデオロギーを奉してその実践に参加するようにと要求する（たとえば、寺に代えて神社に氏子の登録をするよう強制する）こと、などである。国家神道の抽象的イデオロギーが見出した、理想的な具体的制度のかたち、それが神社神道なのだ。

ここで、神社神道は宗教的でないという主張を検証してみよう。教派神道やキリスト教、仏教のような意味で宗教的ではない、という議論はなり立ちうる。こうした宗教への入信は、日本国民にとって自由に選択できる問題である。これと対照的に、神社神道は国旗への忠誠と同じくらい、根本的な、国民としての責務に他ならない。それでも神社神道は、そのもっとも重要な儀式が神道最高の司祭である天皇によって統轄されるのであり、必ずしも非宗教的であるとは言えない。そのしきたりにおいてのみならず、「タマ」「タマシイ」「ミタマ」「カミ」といった語の使用においても、「スピリチュアル」なものだったことは確かである。この巧妙な策によって、国家主義的・軍国主義的なイデオローグたちは、神社神道を自らの必要性に応じてスピリチュアルないし国民的なものと定義できるとともに、それは宗教ではないと初めから主張することもできる手段を確保していたのである（ここでとくに重要になるのが、第一章で論じた日本語の「宗教」という語のあいまいさである）。神社神道を「非宗教的」と呼んだことで、神道を教育制度や公式の政府プロパガンダで思うがままに利用できる法的権限を、国家が得ることにもなった。一八九〇年の教育勅語は、この権力行使の典型例であった――つまり皇位の神聖さと、天皇につねに忠義と孝養を尽くす必要性に関する、指導原理を展開しているのである。

したがって、今日、多くの日本人が（神道起源のものを含めて）さまざまな儀式に定期的に参加しているかもしれないのに、自分を「無宗教だ」と言うのを当たり前だと思っていることには、第一章で論じた理由に加えて、もう一つの理由があることになる。半世紀にわたり、学校や公共のレトリックで、日本人は、カミやタマ、タマシイに関する実践を信じたり、それに参加したりするには、必ずしも「宗教的」である必要はないと教えられた。

さらに、天皇を崇拝したり日本の自然現象に神聖さを見出したりするのに「宗教的」なものの必要性はないとも教えられた。十九世紀末に生まれた公式のイデオロギーによると、自分［の信仰］を神道だと言うことは当然、自分を「無宗教」（少数しかない教派神道の信者でない限り）だと言うことになる。この立場からは、例えば「私は宗教的ではない」が「少なくとも年に一度キツネを拝む」、さらには「私は神道だが宗教的ではない」と言うことには矛盾がないのである。この国家イデオロギーの名残りは、第一章で論じたような調査での、日本人の自己定義にいまだに明らかである。

このような［条文重視］の法律万能主義的かつ制度的な戦略を通じて、本質主義的な神道的スピリチュアリティは完全に確立された。神社神道が主張したのは、日本人の国民的真髄——いかなる「宗教」よりももっとも根源的なスピリチュアルな本質である。この本質を批判すること自体、その人が「国体」の文字通りの意味、つまり「われわれの（日本）国家の本体（ないし本質）」に、属していないことの証拠なのであった。もともと水戸学の思想家が強調した「国体」は、対外戦争期、政治思想家のあいだでの流行語となった。この語は（ホログラフィー的に適切に働いた場合）、帝国と天皇の両方を指したのである。天皇に対する忠誠は、選択できる対象ではなく、自らが日本人であることとの認識であり、表現であった。国体を否定するとしたら、その人はホログラフの一部ではなく、日本人であることを定義する内在的で親密な関係の一部にならないということになる。政府の理念への不同意は、事実上、自分自身のアイデンティティに対する自殺行為なのであったのである。

ところで、「国体」をnational polityと英訳することが一般的になっているが、この訳は言語的にも哲学的にも不適切である。言語的に見ると、英語では実際上、ほぼすべての文明国に何らかのnational polityがあると言えるが、日本語では「国体」を、日本固有と考えられる政治・スピリチュアリティ・天皇に関わる構造のあり方についてのみ用いている。さらに、厳密に言うなら国体は政治構造などではなく、ある種の政治形態を正当化する形而上学的なイデオロギーなのである。さらにpolityという語は、とくに日本だけに当てはめたときにしか「国体」という日本語に訳さないのだから、「国体」をpolityと訳すのは言語的に考えて奇異である。そして哲学的に見ると、西洋におけるpolityの観念自体、中世を経て古代ギリシアにまでさかのぼる歴史がある。こうした知的発展のなかで、西洋では一般に、人民や社会が特有の政治形態（polity）を作り出すと考えられてきた。対照的に、日本人の考え方によると、この組織は天地創造の時にまでさかのぼる神聖な単位であり、一人一人の日本人の魂のなかで情緒的かつ知的に、そして固有の形で共鳴する単位なのである。この点からすれば、「国体」を単純にnational polityと訳すのは、この独特の力をもつ語から精神性を奪い、あいまいにし、無害化することになる。

要約するなら、二十世紀初めまでには、国家のイデオロギーとそれに対する制度的支持を内側から転覆することは、事実上不可能になっていた。国家神道のイデオロギーを論難することは、その人が「国体」の一部をなしていないということを示すにすぎなかった。このイデオロギーを批判することは、当然、その人が「日本人ではない」ということ、自分自身の本質を否定したということを意味した。したがって、批判は誠実（「まこと」）なものではなくなるのだ。結局、国家神道のイデオロギーへの有効な攻撃は、外部から来ざるをえなかった。つまり、日本自体が敗北することで、ようやくこのイデオロギーがまがいものであることが暴かれたのである。神風の力が、昇る旭日《ライジング・サン》に飛び込んで命を落とした勇敢な特攻隊員たちのホログラフィー的な中心を占めていたにもかかわらず、また国体の神秘に共鳴した日本人の純粋でマインドフルな心があったにもかかわらず、軍国主義体制とそのイデオロギーはたしかに潰えたのだ。実際、一九四五年八月に明らかになったのは、まったくの物質的な力であっても、偽のスピリチュアル化した物質的イデオロギーを倒しうるということだ。アメリカ人が信を置いたのは、神風ではなく火器であった。そのアメリカ人が勝ったのだ。

## 一九四五年以降の神道

舞台の袖にはマッカーサー元帥率いる占領軍が控えている、そういう状態で一九四六年一月、天皇は国民に向けて公式に自分は神ではないと宣言した。天皇が述べたのは、天皇と国民の関係は（『古事記』にあるような）「単なる神話と伝説」にではなく、国民の合意にもとづくものであって、「天皇をもって現御神《あきつみかみ》とし、かつ日本国民をもって他の民族に優越せる」ということは「架空」であるということだった。その後、数年のうちに占領軍最高司令官（SCAP）と司令部は、神社神道の組織と官僚制度を解体することに成功した。しかしすでに見たように、神社神道は国家神道を組織化したものにすぎない。イデオロギーそれ自体はどうなったのだろうか。それは、明らかに三、四世代にわたって日本の学童たちに叩き込まれてきたのである。SCAPはその価値観や思想、行動を、組織の場合と同じくただちに解体できたのだろうか。こんどは対象を一つの場所に絞って、そこをめぐって展開する複雑な問題を考察してみよう。その場所とは、東京の靖国神社である。

二〇〇一年の晩夏、次のような情景を思い浮かべてみよう。二十代の韓国人男性のグループが、韓国での政治デモに参加している。彼らは自身を「救国隊」と称している。あらかじめ決まっていた時間になると、何人かが肉切り台と包丁を前に置き、地面にひざまずく。自分たちの抗議の純粋さと激しさを示すため、若者はそれぞれ小指の先を切りそぎ始める。彼らは何に抗議しているのだろうか。それは、二〇〇一年八月十三日に小泉純一郎が東京の靖国神社に公式参拝し、自分の名前だけでなく「内閣総理大臣」という肩書を参拝者名簿に書き記したことに対してである。この抗議は、かつて一九三〇年代、四〇年代

写真8　靖国神社　拝殿正面。天皇に命を捧げた人々の霊を崇敬するための場所である。

に日本の犠牲となった国々で巻き起こったデモの嵐のうち、もっとも後味の悪いものであった。公式でもっとも声高な非難は中国と韓国から寄せられ、フィリピンや他の東南アジア諸国からも強い調子の批判が上がった。多くの日本人も新聞の社説、投書、学生デモ、雑誌での知識人の論説など、さまざまな場において反対意見を発表した。実際のところ、批判の大きさから、小泉は再度公式参拝を行なわないだろうと思った人は多かった。しかし二〇〇二年四月、彼は参拝したのである。再び抗議の声が上がった。日本の二団体が共同で政府、小泉、靖国神社に対して集団訴訟を起こした。八十七人の原告団の多くは、靖国神社に祀られた戦没軍人の遺族だった。訴えのなかで、原告は首相の公式参拝が憲法の規定する政教分離の侵害に当たると主張した。この訴訟が求めたのは首相による将来の参拝に対する禁止命令と、原告それぞれへの名目的な（百ドル以下の）補償である。

一神社がなぜ、国内でもまた国際的にも、論争に巻き込まれるのだろうか。事情はさまざまな観点から分析できる。ここでは靖国神社に関わる出来事を、神道の実存的要素と本質主義的要素のあいだの、未解決の軋轢を理解するケーススタディとして利用してみたい。これまで何度も述べてきたとおり、神社はホログラフィー的な入口となりうる。このケースでは、現在の靖国神社の鳥居をくぐって進むことは、過去二世紀の神道の歴史全体をふり返ることになるのである。靖国神社を分析することは、神道の分析を最新の事実にもとづくものにするだけでなく、本章での重要な論点を再検討することになるだろう。

だがまず最初に、靖国神社の歴史を概観しておく必要がある。靖国（祖国を安らかに治める、の意）神社は皇居から通りを隔てた、東京の九段にある。一八六九年に「招魂社」（〔死者〕魂を招く神社、の意）の名で建設されたが、一八七九年に現在の名称を与えられ、日本各地に建設されたさまざまな招魂社を分社とする総本社としての地位を得た。各地の招魂社は靖国神社をモデルとしており（そして事実上、靖国神社がすべての招魂社へのホログラフィー的入口となり）、幕末から明治維新時の内戦と、それに続く対外戦争で天皇のために死んだ日本人の魂を祀るために建設された。言い換えると、靖国神社が祀るのは、一八五三年（ペリー提督が東京湾に入った年）から太平洋戦争の終わりにいたるまでに、天皇のために死んだ人々である。その数は総計で二百五十万におよぶ（全員に〔祭神として〕個別の名前がつけられている）。

　すでに見たとおり、十九世紀末まで日本は事実上、〔長期にわたる〕対外戦争の経験がなかった。したがってある意味で、「国のために死んだ」、さらに言えば「天皇のために死んだ」軍人という概念がそもそも新しいものだった。国家は、そのような英雄の遺骸と「霊魂《ソウル》」（ミタマないしタマシイ）をいかに取り扱うべきなのか。篤胤の解釈にしたがって前提とされたのは、そうした霊魂は来世で大いに報いられるということだった。天皇のために死ぬことによって、彼らは最高の自己実現をなしとげたからである。彼らはホログラフィー的入口を通過し、いまや何らかのかたちで、日本を守る精神《スピリット》の全体を反映している。もし篤胤が公言したとおり「尊王攘夷」が「古代日本の精神」の本当の意味だったのなら、天皇のために死ぬことで個人の霊魂は何らかのかたちで神聖な全体と一体化することになる。靖国神社の設立は、この思想に、具体的な施設という表現を与えたのである。

霊魂が靖国神社に祀られるときに起きることを正確に理解するには、個人と祖霊との関係を、日本人がどう理解してきたかを知っておく必要がある。この理解がもっとも明瞭に表現されているのが、天皇の葬儀とその後継者の即位式であろう。亡くなった天皇の霊魂(ミタマないしタマシイ)は身体を離れ、最終的には歴代天皇のタマの集合体と再び一つとなる。このタマの集合体はおそらく、カミ、とりわけアマテラスに直接つながる生命力と考えるのがもっともわかりやすいだろう。即位において、タマは新しい天皇に送り込まれ、彼自身の霊魂を活性化する。厳密には、このタマの移譲によって天皇はカミとなるのである。歴史を通じて、日本人のなかには自分と自らの先祖のタマとのあいだに同様の力が働いていると考える者もあった。理論的に理解するのは皇位継承の背後にある教義ほど明快ではないだろうが、一般的な理解としては、死ぬと個人の霊魂(少なくともその一部)は一族の祖霊と一つになり、その後、蓄積されてきた先祖たちの霊魂は家族にとって一種の守護力となるのである。すなわち、死後、時間がたつにつれ人の霊魂は次第に個性を失い、先祖という全体の一部となってゆくのである(この考え方は、第三章で論じた氏神の思想にさかのぼるものだろう)。それでは次に、この考え方が、靖国神社で起こることの理解にどう当てはまるかを見てみよう。

靖国神社に祀られることは、カミとなることである。したがって対外戦争のあいだに「天皇のために死んだ」人のすべて、ほぼ二百五十万の霊魂（ミタマ）は今やカミとなっている。天皇のために死ぬことで、彼らは自身のタマの本性をもっとも完全に実現した。彼らはそのスピリチュアルな本質を、もっとも純粋なかたちで表現したのである。そのように死ぬことで、彼らはホログラフィー的に天皇、日本の国土、および国民の、全体論的《ホーリスティック》なタマを反映してきたのだ。したがって、靖国神社に祀られるとその人個人のタマは、日本全体を保護し活性化する集合的なタマと一体化するのである。対外戦争の期間、新たな召集兵は靖国神社に集められ、かつて自己実現の至高の行為のなかで命を落とし、カミとなった兵士たちのタマを身につける儀式を体験した。ここに、皇位継承の儀式の場合と類似したものを見ることができる。〔祖先神〕のタマを身につけることで、天皇はカミとなるのである。同様に、かつて戦死した人々がカミとなっているので、彼らの集合的なタマは次に戦争に行こうとしている者たちに力を与え、精神的な意味を与えるのである。こうしてまさに、靖国神社の制度と歴史が、神道儀式、国家神道イデオロギー、日本の軍国主義を密接に関連させているのである。

状況をさらに複雑なものとしているのは、祀られるのにふさわしいのは誰かという問題である。この問題には二つの側面があり、そのどちらもが、日本でも海外でも同様に論争を引き起こしている。第一に、靖国神社には、対外戦争期に天皇のために戦死したすべての軍人が属している。それはあたかも、集合的なタマが個々のミタマ一つ一つに、自らと合体するよう求めているようなものだ。たとえば、一九四四年に戦死した日本人兵士の亡骸が今日、たとえばフィリピンで発見されたとしたら、日本政府はその兵士に「祭神としての」名前を与えて靖国神社に祀るための手続きを——その遺族の望みに関係なく——とるだろう。こうした問題について、法廷闘争が繰り広げられてきた。事態を複雑にしている第二の要素は、政府の解釈では「天皇のために死んだ人たち」には、戦争での残虐行為の責任を負う人々までもが含まれるということだ。たとえば、日本の降伏後に行なわれた、戦争犯罪人の裁判で処刑された人々も靖国神社には祀られている。日本人がこうした人々をカミとみなすこと、彼らにカミとしての地位を与えている場所を日本の首相が公式に参拝することは、戦時中に日本軍の犠牲になった人々には、とりわけ侮辱的なことなのである。

実は、小泉以外の首相も靖国神社を参拝している。一九五〇年代初めにも、非公式の参拝がなされたが、国内外の民衆からの抗議で中断していた。そのため一九八五年八月十五日、第二次世界大戦における日本の公式な降伏から四十年目の記念日に、中曽根康弘首相が「公式」参拝をおこなったことは、大きなニュースとなった。中曽根の靖国参拝は国内外で騒動を招いた。中国や韓国などのアジア諸国は、日本政府に公式の抗議文を送った。

日本国内でも、右翼が熱狂的に中曽根の行為を支持する一方、左翼はそれと同じくらい声高に糾弾した。混乱が深刻化したため、中曽根はその後、参拝を断念した。一九九六年には、橋本龍太郎首相が「個人的で非公式の」参拝をおこなった。彼は八月十五日ではなく七月に参拝することで、中曽根の公式参拝との直接の関連を避けたのである。二〇〇一年、当選すれば参拝すると総裁選挙で公約していた小泉は、予想された八月十五日を避け、その二日前に姿を見せた。彼は参拝者名簿に「内閣総理大臣」という肩書を記したものの、参拝の作法に厳密には従わなかった（たとえば榊の代わりに花を供えるなど）。二〇〇二年の参拝は、すでに述べたように四月におこなわれたが、小泉内閣の閣僚のうち数人は同年八月十五日に再び参拝している。

日本政府は、靖国神社に関係した自らの行為をさまざまに正当化しようとしてきた。第一に、国家神道以来の「宗教ではない」という主張を再び持ち出している。宗教的な儀式作法には従わないという小泉の戦術は、この戦略の一例にすぎず、政教分離という憲法上の問題を避けようとする試みであった。第二に、政府が強調したのは、日本にはアメリカのアーリントン国立墓地のような、軍用墓地にあたるものがないということだった。したがって、国のために死んだ人々を公式に追悼する――これはほぼすべての近代国家が行なっていることである――ためには、靖国以外に選択肢はない、というのだ（靖国神社をめぐる政治問題を緩和する手段として、そうした墓地の建設案が政府によって構想されることがあるが、案に沿った具体的計画は進展していない)。そして第三に、身内がカミとして祀られることは明らかな名誉なのである(理論上、一族の祖先のタマは靖国神社に祀られることで、何らかのかたちで皇室のタマとつながることになる)。靖国神社を解体することで、死者の霊魂が現在置かれている地位に変更が加えられることは、何百万もの日本人にとって耐えがたい侮辱となるのである。

政府が、こうした問題を巧妙に処理しようとしてきたのと同様に、靖国神社当局は、軍とのかかわりを保つだけでなく、公然と強調することで、断固として事態を悪化させようとしているように見える。第一に、靖国神社の境内には人目を引く戦争博物館、遊就館がある。その展示物の一例に、子供たちを連れて橋から身を投げた母親の遺書がある。この母子の死が、どうして天皇への忠誠を示すものと言えるのだろうか。彼女が身を投げたのは、夫に家族への未練を捨て、ためらいなく断固として特攻隊員に志願してもらうためであった。その博物館には、特攻隊員自身の遺書も数多く収められている。こうした展示物は、戦争遂行のために亡くなった人々の英雄的行為や忠誠心、献身の例にすぎず、いかなる意味でも戦争それ自体の是認ではない、と言うこともできるかもしれない。しかし、靖国神社のレトリックはそうではない。博物館の展示、神社のパンフレット、子供向けの冊子――そのどれにも明らかなのは、戦時中のそうした行動が、われわれすべてにとっての模範だということである。このレトリックが主張するのは、天皇と日本にこうした忠誠心を示す機会をふたたび得られたらどんなに素晴らしいか、ということだ。

靖国神社当局がその批判者たちを刺激する第二の点は、戦犯の合祀のような行為にあたって行なわれる正当化である。想像しうる主張としては、神道は善と悪ではなく、ケガレと清めにかかわるものだということがあるだろう。第一章で説明したように、伝統的にはカミの行為が必ず利益をもたらすとは全くされておらず、人間に災厄をもたらしたものも数多い。したがって処刑された戦犯を合祀することは、彼らが参加して〔死という〕ケガレを清める行為の一部と考えることもできる。つまり、（第三章で論じた菅原道真の霊のように）浮かばれない荒ぶる霊を鎮める手段としてである。これはしかし、これまで議論されてきた流れに沿ったものではない。それどころか、靖国神社のウェブサイト（日本語版、英語版の双方）では、戦争裁判を「まやかし」と呼び、残虐行為は戦争の普遍的な特徴であり、参戦国すべてが咎められるべきだと述べている。靖国神社当局はまた、関連する「教科書問題」についても公に声明を発表している。アジア太平洋諸国は、日本の検定教科書が、つねに戦時下の日本による侵略を過小評価していることに加え、「南京大虐殺」のような事件や、朝鮮人女性が日本軍のための性的な「慰安婦」として奴隷状態に置かれたということについてのいかなる言及も、軽視ないし省略しているとして、繰り返し不満を表明してきた。靖国神社の反論にみられる全般的なアプローチは、このような残虐行為の責任は——戦勝国を含め——すべての国にあるのだから、教科書でそこに重点を置くと、日本だけがこうした人道に対する犯罪を犯したと、日本の生徒・学生が誤解する恐れがある、というものである。

このように、国家神道のイデオロギーは明らかに、日本社会のあちこちに何らかのレベルで生き残っている。それがとりわけ具体的なかたちで盛んなのが、東京の皇居から通りを隔てたところにある、靖国神社なのである。多くの日本人にとって、このイデオロギーは恥ずべきものであり、思い出したくもない戦争期のレトリックを呼び覚ます催促状である。しかし、靖国神社はこう続ける。その生存能力の大部分は、戦後日本が実存的と本質主義的という神道的スピリチュアリティの二つのあり方を区別できないでいることに由来する、と。結果として、占領期のSCAPの努力や数多くのリベラル派や急進派の日本人の継続的な努力にもかかわらず、国家神道のイデオロギーは、新しいかたちでの制度化や意見表明をつづけている。最終章である第六章では、それが問題となる理由について一般論をいくつか検討し、日本がこうした問題に取り組むにあたって、利用可能な選択肢をいくつか見ることにしよう。

# 第六章　故郷《ホーム》への道

この最終章で考えたいのは、神道の将来と、本書での研究が哲学、宗教研究、そしてスピリチュアリティについてのわれわれの理解にとってもつ意味についてである。本章は三節に分かれる。第一節では、神道的スピリチュアリティについてのわれわれの結論を要約し、靖国神社問題のように解決の難しい現象を考慮に入れて、神道の今後の発展にとっての選択肢を概観する。第二節では、われわれの分析が宗教の比較研究にとってもつ意味を簡潔に考察する。とりわけ神道的スピリチュアリティにおける、実存的ないし本質主義的な力学に焦点を置くことでわれわれが学んだことを考えてみよう。最後の第三節では、われわれの神道研究がスピリチュアリティそれ自体の本質について示唆することを検討したい。この関心から、冒頭で、第一章で取り上げた問題のいくつかに立ち戻ることになるだろう。

## 神道の戦争からの帰郷

再考のため表を使って、現代の日本に存在する、実存的な神道的スピリチュアリティと本質主義的な神道的スピリチュアリティのおもな特徴を比べてみよう（表1を参照）。今日の神道にとっての大きな問題は、これら二つの形式のスピリチュアリティが並存していながら、両者のあいだの正確な関係が不分明だということである。まるで、神道という名で二つの別のスピリチュアルな伝統が存在しているかのようなのだ。一方の神道は、実存的な面に重点があり、ほとんどすべての日本人の日常生活のなかで、意識的ないし無意識的に機能している。もう一方の神道は、本質主義的な前提に支配されていて、その信奉者の数はもっと限られている。しかし神道が組織化されたスピリチュアルな伝統として考えられる場合、その本質主義的なあり方がつねに表面化する。というのも、これはほとんどの主要な神道組織と関連するスピリチュアリティであるからだ。結局のところ、実存的な神道を擁護できるのは誰だろうか。誰もその役目にはない。それによって人々を訓練し、それについて教えるための施設も、組織も存在しない。学ぶべき〔研究の対象となる〕経典さえもないのだ。日本の大きな書店であればどこでも、日本のスピリチュアルな遺産についてもっと学ぼうとする一般読者向けの書籍が、棚一つないし二つ分はあるものだ。こう

表１　実存的神道と本質主義的神道の比較

| 特徴 | 実存的神道 | 本質主義的神道 |
|---|---|---|
| 他宗教との交流 | シンクレティズム、包括性 | 特殊性、独自性、排他性 |
| 組織の形態 | 地域に中心があり、非常にゆるやかな全国的組織 | 中央集権的な組織で、全国に配置 |
| 教義 | 重要な概念、思想、価値観の非体系的な集合 | 体系的で一貫した総合的な教義体系を企図。正典の発達（『古事記』『日本書紀』） |
| 天皇の位置づけ | ゆるやかに組織された宗教の最高祭司としての天皇 | 最高祭司にして国家元首としての天皇。儀礼的権威の宗教的・政治的文脈への浸透 |
| カミの基本的性質 | 不可思議で神秘的な存在。伝統的神話や特定の習俗でときに人格化 | 人格神（とくに天地創造に関連して）。副産物としての全被造物との関連。国家を守護する勢力 |
| タマの基本的性質 | 万物に存するカミに関連したスピリチュアルで活力に満ちたエネルギーないし力。具体的には個人のタマシイあるいはその集合体、より一般的には物質と一体となったエネルギー（ないし生命力） | カミが創造したこの世界に内在する形而上的・超自然的な生命力で、源泉となる場所に凝縮（天皇のタマ、家の祖先のタマ、靖国神社に祀られた死者の集合的なタマ）。源泉が個人の霊魂（ミタマないしタマシイ）に浸透 |
| 習俗《プラクシス》の焦点 | 形而上的教義体系にも理路整然とした教義体系にも相互に関連しない実践。「伝統」とされる習慣が、人々の日常的なつながりや帰属の意識に寄与。包括的で流動的な習俗 | 習俗の正当化（メタプラクシス）の強固な発達と、概して整然とした明確な形而上的体系との組み合わせ。教義の意味は、宗教的経験の上に覆いかぶさった正統的実践、正統的教義、異端的教義、異端的実践が重要 |

した本は、大部分が神道の専門家によって書かれている。つまり、当然のことだが、それは神道系の主要大学の教授であり、また（多くの場合、そうした大学で教育を少なくとも一時的には受けた）有名神社の神職であることもある。すでに見たように、こうした大学は国学運動に連なる本質主義的神道の研究とその教義の展開の中心でありつづけてきた。そうした歴史の影響は、今日出版される本のなかにもしばしば見て取れる。しかし皮肉なことに、こうした本は本質主義的な神道的スピリチュアリティに精通した専門家によって書かれているが、その一般的な読者はスピリチュアリティの点でより実存的な志向をもっているのである。もし本当に神道が二つあると考えるなら、この状況はまるで、仏教についてキリスト教徒の書いた本しかない仏教国で、仏教徒でいるようなものだろう。

したがって、もし日本人が本当に自分の実存的な神道的スピリチュアリティを深めたいと思うなら、行くべき場所は書店ではないのかもしれない。実存的な神道的スピリチュアリティの本当の専門家は、本を書いている学者や神職ではなくて、お母さんやお父さん、おばあさんやおじいさんなのである。神道的習俗の遺産を、実存的なかたちで伝えているのは彼らなのだ。もちろん儀礼の所作や神道用語の「本当の意味」についてあれこれたくさんの質問をされて、「知らない」という答えが多くなることもあるだろう。しかしそれが一番良い答えなのかもしれない。それは三つのことを教えてくれる。第一に、この答えは誠実である。正解は分析的な知性にではなく、マインドフルな心にあるのだ。年長者たちはそれを説明できないかもしれないが、考えたり行動したり、感じたりするその仕方においてそれを表現しているのかもしれない。ときに、哲学者が合理的な分析によってうまく言明できないことを、詩人が表現したり喚起できることがある。同じことが、実存的にスピリチュアルな人に当てはまるだろう。第二に、彼らの「知らない」という答えが暗に示しているのは、そういう疑問は彼ら自身の、実存的意味で「神道を感じる」とか「神道信者である」という経験のなかで、生じてこないものだったということだ。この質問はもっともなものかもしれないが、だからといってその答えがスピリチュアルな成長に欠かせないということではない。そして第三に、質問のなかには的はずれなだけでなく、実際に逆効果のものもある。それが宣長が「からごころ」と呼んで批判したテーマだった。もし彼が今日生きていたら、それを「科学的」ないし「学問的」思考法と呼んだかもしれない。つまり、「知らない」と考えるアプローチはすべて、調査の始まりにしかなりえず、適切な終わりではないのだ。科学者にとって「私は知らない」というのは、研究助成金の申請のきっかけになる。大学教授にとって「私は知らない」と言うことは、懺悔（confession）であって職業（profession）ではない。こうした思考法は、宣長が論じたように、不可思議なもの、驚くべきもの、畏れを喚起するものをあるがままに受け入れることができない。この思考法はそうした現象をそのままに受け入れることができないので、不可思議な畏怖に直面するということがないのである。こうした経験は周縁化され、寒い冬の夜に居酒屋で友達と話すにはいいが、「実生活」で真面目に受け止められないような、奇妙な話として心の中にしまいこまれるのだ。

今日、多くの日本人はこうした実存的な感受性をもっているので、規範的、権威的あるいは本質主義的なバイアスを示す政治家や神道指導者のことを警戒している。彼らの本質主義的な神道的スピリチュアリティがしばしば密接に関連しているのは、国家主義的で右翼的な政治路線であり、それを多くの日本人は「再び戦争をしようとしている」という理由から軽蔑しているのである。多くの日本人は、何十年も経つうちに戦時中の古い本質主義的神道が、その世代の人々が亡くなるにつれて消滅することを願っている。しかし靖国論争が示すように、それは起こりそうにない。問題は、実存的な神道的スピリチュアリティと本質主義的な神道的スピリチュアリティが完全に別物ではないということだ。それどころか、両者は内在的に関係し、かなりの部分で重なり合っている。そして今日、本質主義者たちはそうした重なり合いの性質を操作しているのである。ここで再び、個人的なエピソードを使ってこの窮地について説明しよう。
二、三年前のこと、私は東京の靖国神社近くのホテルに宿泊していた。私はその界隈を気に入っていたが、その理由は書店街まで遠くないことと、皇居と靖国神社の広大な敷地が近くにあるため、街の喧噪のなかでも静かな場所があちこちにあることだった。ある日のこと、朝早く起きて朝食の前に散歩することにした。私は靖国神社へと足を向け、境内を散策した。晴れた夏の日曜の朝六時だった。あたりは静寂で、まだ人も少なく、蒸し暑くもなかった。有名な靖国神社の鳩も活動を始めたばかりだった。何羽かは社殿へ続く主参道にそびえ立つ巨大な鳥居にとまっていたが、それは鳥居の文字通りの意味（「鳥がいる場所」）からすれば、いかにもふさわしいものだった。全体的な効果としては、第一章で説明したような意味で私は「神道を感じとる」ことができた。あの章でとりあげたビジネスマンのように、大鳥居から奥へ進み、作法に則ってきまった手順に従って手や口を清め、賽銭をあげ、お辞儀をした。その静かな初夏の朝、私は神道と結びついているという感覚を感じた。参拝を終えると振り返り、出口に向かって参道を歩き始めた。数歩進んだところで、驚いたことに年配の男性が二人、参道わきの茂みから姿をあらわした。その服装と手にした熊手から彼らが清掃作業員であることがわかった。二人は深々とお辞儀をすると丁寧な日本語で、私が参拝し敬意を払ったことに対する礼を述べた。私は微笑んで丁寧にお辞儀を返し、また静かに歩き始めた。ほんの一、二分前に日本人男性が一人、私と全く同じことをしたのだが、そのとき彼らは姿を見せなかった。彼らも明らかにこの男性の姿を見ていたはずだが、立ち止まらせたりはしなかった。彼らがわざわざ感謝の念を示したのは、私のことを外国人、たぶんアメリカ人だと思ったからだと思われる。

　朝食をとりながら、私はこの出会いのことを考え、気持ちが落ち着かなくなった。戻ってあの二人の作業員に話しかけたかったが、一時間以上もたったあとではもう遅かった。

私は自分が感じた不快感について考えてみた。靖国神社で、私はいわゆる「神道を感じとる」経験をしたが、それは私にとっては包括的で実存的な感受性と強く結びついたものだった。だが、あの二人は何を考えていたのだろう。彼らは見たところ六十代半ばだったので、すぐに思ったのは、年齢からすれば従軍してはいないだろうが、たぶん記憶はいくらかあり、もしかすると兄が従軍していたかもしれないということだ。靖国神社に祀られた人が身内にいるのだろうか。もしそうであって、私が彼らの亡くなった親族に敬意を表したことに感謝していたのだとしたら、私の行為を理解してくれたことをうれしく思う。しかし季節は夏、つまり毎年、靖国神社をめぐる論争が繰り返される季節である。ちょうどメディアが議論を蒸し返し始めたところだ。あの二人の年配男性は、私の参拝をこうした出来事に関連づけたのではないか。彼らは私の行動を見て、抗議の声を挙げている中国や韓国、それに日本国内のリベラル派ではなく、靖国神社や日本政府に私が賛同していることの現れだと思ったのではないだろうか。もしそうなら、私の立場を説明しておかないと。でも、どう言えばいいのか。おそらく、こうだろうか。「誤解されているようですね。私はただ、全体としての実在という不可思議な存在に立ち入るために、この場所をホログラフィー的入口として利用していたのです。私の行動が、靖国論争についての政治的な意思表明であるなどとは決して考えないでください。私がとる神道に関わる行動は、厳密に実存的なもので、本質主義的なものではないのです」。たとえこう言ったとしても、彼らには何のことかさっぱりわからなかっただろう。本質主義的と実存的、この二種類のスピリチュアリティのあいだの区別は、神道について語るための日本語の語彙にはないのである。問題は、自分のスピリチュアル経験が実存的なものだと思っていても、私の行為が他人には本質主義的スピリチュアリティを支持していると解釈されてしまうということだ。間違いなく、今日の政治的右翼・保守主義者は、日本人が神社を参拝することを（統計的にその数は増えているのだが）ことごとく自分たちの政治路線への支持とみなしているのである。

このエピソードが示すのは、私の考えでは、この二つの神道的スピリチュアリティは宗教的伝統として別のものではなく、内在的な関係のなかでたがいに重なり合っているということだ。このようにとらえることで、さらに込み入った問題が生じる。なによりまず、両者を分けようとすると深刻な用語法上の混乱が起きる。国家神道の本質主義的なイデオロギーは、二十世紀前半のあいだ、日本人に毎日吹き込まれたものであり、今日の神道語彙――スピリチュアルなものだけでなく、心理的、形而上的、メタプラクティカルかつ政治的なものまで――についての理解に深く影響している。もし私が靖国神社でのスピリチュアルな体験を日本語で表現するとしたら、「タマ」「カミ」「まことのこころ」「ミタマ」といった、伝統的用語を使わざるをえないだろう。しかし過去二世紀にわたって、こうしたキーワードはどれも、本質主義的な神道解釈によって上塗りされてきている。たとえば**表1**（二四三頁）では、同じ語が両方の枠に登場している例がいくつもあるが、その意味はときに大きく異なっている。数十年にわたる本質主義的な解釈によるニュアンスが加わったことで、古来の神道用語はもはや無邪気なままではなくなっている。本書は西洋の読者向けに英語で書かれたものであり、こうした日本語はたぶんほとんどの読者にとって目新しいものだろう。したがって、提示する仕方には十分注意してきた——それについての議論を別の方向に向けてしまうようなニュアンスに警戒してきたのである。しかし、神道をそれ自体の用語を用いて日本語で論じると、しばしば目に見えないかたちで、議論のなかに本質主義的な前提が入り込むことになる。

現代日本を代表する哲学者の一人である上田閑照《うえだしずてる》は、この種の現象を哲学的な「意味の争奪戦」と呼んでいるが、これは適切な表現だと思われる。京都学派の哲学者たちが、一九三〇年代から四〇年代にかけての軍国主義の時代に直面した問題を考えるなかで、上田が指摘しているのは、哲学者のなかにはたとえば「国体」のような語を著作に用いた者がいたということである。すでに見たように、「国体」は日本の帝国主義者たちが愛用した語であった。しかし上田の主張によれば、そうすることで多くの場合、哲学者たちは国策を支持するどころか、そのイデオロギーのキーワードにそれほど国家主義的でも軍国主義的でもない独特のひねりをほどこすことで、国策に対する間接的な攻撃を図っていたのである。当時、国体という現実を公に否定できる人はいなかったが（それは少なくとも、投獄あるいはそれより悪い結果を招く可能性があったのだから）、毒を含んだことばを無害化することは可能だったかもしれないのだ。もちろん、このような主要な政治的用語の意味をめぐる論争は、日本に限られたものではない。アメリカ政治における「家族的価値観」という語を考えてみよう。アメリカでは、どの政治家もそれを支持する。家族的価値観に反対することは、政治的な自殺行為である。したがって、論争がおこなわれるのはこの語の本当の意味は何かということをめぐってである。一人親家庭は家族的価値観をもちうるか、同性愛のカップルにはありうるのか、無神論者の場合はどうか、両親が共働きの場合はどうなるのか。このようなことばをめぐる綱引きは、今も進行中である。

今日、神道は同じような問題に直面しているが、状況はさらに悪い。神道的スピリチュアリティを表現するための用語は、そのスピリチュアリティが実存的か本質主義的かに関係なく、固定された領域に収まってしまっている。問題になるのは、その用語の本当の意味が何かということだけだ。現代の研究者による解釈が最終的にさかのぼるのは、国学運動と明確に本質主義的な路線になっていったものまでである。こうした用語の意味を、**表1**の実存的なものの枠と一致させて主張しなおすために、もっとも明らかな戦略は、国学運動のイデオロギー路線に染まる前の意味に戻るということになるだろう。しかし、この方針にはさらなる障害がある。「古道に帰る」という企ては、まさに国学運動の専売特許といってよい。歴史文献学の領域における国学者の影響力は圧倒的なものであり、この領域を綿密に測量して叙述するための基礎作業は、すべて彼らがなし終えている。用語の

「本来の」意味に立ち戻る道を見つけようとして、気がついてみると国学が作った幹線道路の地図を使っていることに気づくだろう。もちろん熟練した学者であれば、本質主義が用語に読み込んだニュアンスを苦心の上でいくらか取り除こうとするだろう。しかしそうした企ては、きわめて困難で専門的に過ぎるので、社会に影響を与えるには少なくともかなりの時間がかかるだろう。

さらにもう一つ、実存的な神道的スピリチュアリティが、本質主義的な神道的スピリチュアリティとの意味の争奪戦のなかで直面する不利な点がある。これは哲学的な困難とでも言うべきものだが、神道が規範的であるべきではないと主張しうる根拠は何なのか。神道が規範的であるべきではないと言うこと自体、神道のあるべき姿を規定していることになる。実存主義的スピリチュアリティが本質主義的スピリチュアリティを批判するには、本質主義的スピリチュアリティ自体の知的領域で戦わねばならない。実存主義的スピリチュアリティは、本質主義的な言説で自らを覆わなくてはならないのである。本章でのちほど見るように、このパラドクスは神道だけでなく広く宗教史一般においても重要である。神道に関して言えば、意味の争奪戦がいたるのは、**表1**のなかの実存的なものの枠の方こそが「本物の」神道であって、本質主義的なものの枠が現すのは、真の神道を政治的な動機から「歪曲」したもの、あるいは少なくとも「制限」したものだという主張である。

これが実践においてどう作用するかを見るため、古い国家神道の本質主義的イデオロギーへの批判として生まれる、新しいかたちの本質主義的神道言説を想定してみよう。話を手短にするため、それを「新本質主義的」（neo-essentialist）な神道的スピリチュアリティとし、その哲学的な批判対象を「旧本質主義的」（paleo-essentialist）な神道的スピリチュアリティと呼ぶことにしよう。たとえば、その「新本質主義的」神道では「カミ」の意味がどう扱われることになるか、考えてみよう。第三章で論じたような神道の標準的説明にはとらわれず、カミの本質的な意味は、単に「不可思議にも畏怖を生じさせる存在」であると論じることができるだろう。それに従うなら、「神道」（カミの道）を定義づける特徴とは、そうした存在すべてを信じること、あるいはそれに応える習俗を行なうこととなる。もしも、ある新本質主義的神道の信者が、天皇はそうした存在をもっていると考えるなら、その人は天皇をカミとみなすことになる。しかし別の信者がそう考えないとしても、だからといって必ずしもその人が「神道信者でない」ということにはならない。ここに、旧本質主義的なイデオロギーとの違いがある。新本質主義的な立場からすると、何物かがカミであると信じてさえいれば、その人を「神道信者」とみなすのに十分なのだ。天皇を、自分の神道的スピリチュアリティにとってのホログラフィー的入口とみなすもののリストに載せるか否かは、信者によって異なる。同様に、新本質主義的な神道では、天上の創造のカミを実際に存在する人格と考えるか比喩《メタファー》と考えるかは、信者の自由なのである。天地の創造それ自体を不可思議で畏怖を生じさせるものと考えてさえいれば、その人を「神道信者」と見なすのに十分なのだ。

一見したところ新本質主義的神道は、古い実存的神道と同じものに見えるかもしれない。しかし実際はそうではないのだ。新本質主義的な神道は規範的であって、叙述的ではない。というのも、その主張に従えば、もしある人が神道信者である限り、不可思議で畏怖を生じさせる存在に満ちた世界を信じなくてはならず、その存在と経験的に関わるべきだということになるからだ。ここで構想されている新本質主義的な神道が主張する本質主義は、さまざまな人々がさまざまな方法と場所で、この存在へのホログラフィー的入口を見出せるような神道的多元主義を組み入れるために、最低限のものとなっていると言えるかもしれない（この点で、古い実存的な神道的スピリチュアリティがもつ開放性に似ている）。しかし、新本質主義的神道はそれでもやはり、神道信者であるためには畏怖を喚起する存在をどこかに見出さなくてはならないと規定するだろう。これはせんじ詰めれば、本書で「神道を感じとる」と呼んできたことが、神道的アイデンティティに不可欠だと言うのと変わらない。新本質主義的な神道は、核心においてはそれ以上のことを必要とするかもしれないが、そうした感情へのホログラフィー的入口となるかもしれない、さまざまな事物の種類では、まだきわめて多元主義的でありうるのだ。この新本質主義的立場からは、国家神道の本質主義を判断を、誤ったものとして批判しうる――それが神道ではないという理由からではなく、一種類の本質主義的神道しかなく、カミやタマ、ホログラフィー的入口と認めうるものについての理解がきわめて限定されているというためである。旧本質主義的神道に対する批判を展開するなかで、新本質主義的立場は、国学が「純粋」な神道にふさわしいとするのに対して、歴史の観点から反論することができる。たとえば問題視しうるのは、なぜ神仏習合が神道を強化するもの（そのおかげで、新たなホログラフィー的入口と、神道的スピリチュアリティの中核にある経験について語るための、新たな語彙をえられたのだから）ではなく、神道を穢すものとされるのかということである。新本質主義の人間からすれば、何と言っても聖武天皇は当然カミではないか、そして彼は神道に加え仏教もスピリチュアルに受け入れていたではないか、ということになるだろう。

このように考えることで、次のような可能性が生まれる。すなわち、新本質主義的な神道系の団体の範囲は、狭く定義され強固に組織化された旧本質主義的な神社神道と、さきほど概説したような、もっと開かれた新本質主義的な神道とのあいだに位置するのではないか、ということである。本質主義的な神道系の団体には、多くのものがありうる。実のところ、すでに存在しているのである。たとえば、教派神道から派生した教団もあれば、その後生じたさまざまなカミ関連の「新宗教」もある。その多くは、実存的な感受性に直接もとづいているが、にもかかわらず本質主義的な核となるアイデンティティを与えるような、教義と習俗の体系を発達させている。そうした教義の形成にあたって、多くは国家神道イデオロギーがもつ超国家主義と自民族中心主義を避け、自身で選んだホログラフィー的入口を見出している。神道系新宗教の多くは、たとえば教団創設者がそうした役割を果たしている。このように新本質主義的な神道的スピリチュアリティの形が多元的であるため、そのうちのどれ一つとして、自分たちこそが唯一の神道だとは語れないという事態を引き起こす――それはローマ教皇がすべてのキリスト教徒を代表できず、ダライ・ラマがすべての仏教徒を代表できないのと同じである。それでは今度は、この本質主義的神道についての多元的な理解を、靖国論争に当てはめてみよう。

靖国論争における政治的紛糾は、靖国神社が数多くの神道諸派のうちの一つを代表するものでしかないと主張することで、部分的には解決する。具体的に言うと、国家神道の思想を表現の自由が保障された社会では違法化できないが、法律は、国家神道イデオロギーの制度化がすべて定義上、宗教施設とみなされる、と規定する。さらに法律では、公金を一円たりともそうした施設の財源に投入してはならないと規定している。また政府は法律上、たとえば遺族の意思を無視して戦没者を合祀する権利を主張することはできない。この権利に対する主張は、タマの本質と日本の防衛とに関する、特殊な形而上学的教義に根ざしている。本書で展開してきた解釈では、「非宗派的」で「非宗教的」な神道施設ないし組織というものは存在しない。定義上、どの神道施設も教派的な施設であり、日本人全体に対するいかなる権利をも主張できない――それどころか、日本人の神道信者全体に対してさえ主張できないのである。神社神道が「宗教」だったか否かということについて、ここから遠慮せずに述べることにしよう。もちろんそうだった。実際のところ、それは〔西洋における意味で〕「宗教（religion）」であっただけでなく、その主張にもかかわらず、〔日本語の意味における〕「宗教」でもあったのだ。思い出してもらいたいのだが、日本人が自らのスピリチュアルな伝統を「宗教」と呼ぶのを躊躇したことだ。その理由は、「宗教」という語が教条的な教義や排他主義、厳密な規範的実践、形而上学的本質主義と結びついたものだったからだ。日本にこれらの特徴をもつ宗教団体があったとすれば、それは神社神道である。この理解からすれば、靖国神社における政府の行動は、一九四七年に公布された戦後の憲法以後だけでなく、一八八九年の明治憲法以来、法的に問題をはらむものでありつづけてきたと主張できる。このことから、靖国神社から通りを隔てたところに存在する建物群についても、問題が残る。つまり、皇居である。神道の将来を論じるにあたっては、天皇制の将来を視野に入れることが欠かせないのである。

天皇制についてのジレンマは、天皇が神道の最高の祭司であると同時に、名目上の国家元首であることに由来する。後者については、「名目上」の意味が、天皇は名前の上だけで国家元首であるということを意味する限り――すなわち、天皇の統治がいかなる意味でも厳密に象徴的なものであって、宗教的（sacred）根拠にもとづくものでなければ――問題にはならない。この考え方は、一九四六年の詔書で、天白〔の権威〕は「単なる神話と伝説」によるのではなく、また天皇は「現御神」ではないと記したことと一致している。

それゆえ、政治的には、天皇はカミではないということになる。この解釈は、日本国憲法に従ったものである。つまり、皇位継承は血統により決定するが、そもそも天皇の存在自体は、日本国民の民主的な総意によるとされるのである。この法律的観点からすると、日本の天皇が果たす役割は、今日、君主制をとるヨーロッパの民主主義国家の王や女王と、あまり変わらないということになる。

このように皇位が世俗化された政治的役割をもつことは、天皇が日本人のアイデンティティにとってのホログラフィー的入口であることに、予期しなかった問題をもたらしている。さきほどの議論に即していえば、この機能は、宗教的根拠ではなく世俗的根拠にもとづく、その場合にのみ存続しうる。つまり、天皇は国旗や国歌（あるいはもしかすると、イギリスの君主）と同じように、「全体を反映する」という機能を果たしうるということだ。しかし、国家神道の歴史を考えるなら、これは注意深く監視される必要がある。法律的・政治的観点からすれば、天皇をそのような入口として扱うことは、厳密に世俗的で、かつ日本国民に対しては厳密に自発的なことでなければならない。アメリカ人がアメリカ政府の政策への政治的な抗議で国旗を燃やしても逮捕されないのと同様、天皇に対する不忠や不敬を理由に逮捕されるべきではない。歴史上の表現を用いるなら、政府は日本国民に「尊王」を要求することはできないけれども、それでも少なくとも憲法上は、国民に「攘夷」を命じることができるように思われるが。さらに、憲法は天皇のホログラフィー的機能を国民の総意に結びつけている。国民が国旗や国歌の変更を決定できるのと同じく、天皇のホログラフィー的機能は、民主的な再解釈をすることが可能なものである。名目上の国家元首としての天皇の役割に関して、永久不変のものはありえないのである。

天皇の役割のもう一方の面——神道の最高祭司としての天皇——はさらに問題をはらんでいる。すでに論じたように、神道を（その種類にかかわらず）「非宗教的」と解釈するのは、国家神道のイデオローグたちが弄《ろう》した詭弁《きべん》だった。したがって、天皇を「神道の最高祭司」だとするのは、明白に宗教的な主張である。たしかにそれは、皇室がもつカミとしての性質に対する、一種の形而上学的理解に由来するものである。それが宗教的信条である以上、個々の日本人はそれを認めるか拒絶するかの権利を、憲法によって保障されているのである。さらに、本書で示唆した新本質主義的な神道は、正当に「神道信者」と認められるような人々に対してさえ、天皇がカミであると信じることを求めてはいない。むろん、数多くの神道系団体が、天皇のもつカミとしての性質を受け入れている。そして彼らにとって、天皇は自分たちの宗教の最高祭司なのである。この点からすると、天皇は日本人すべてにとっての名目上の国家元首であるが、日本の神道信者すべてではなく、その一部だけにとっての最高祭司なのだと結論できる。聖職者としての機能は（名目上の国家元首であることに関わる機能とは対照的に）、いかなるものであっても、これらの宗教上の信奉者の寄付によって賄われるべきであり、国庫の助成によるべきではない。実際には、天皇の宗教的機能と政治的機能をすべて区別するのはきわめて困難だが、原則の重要性は尊重されるべきだ。

もちろん、われわれが前提としてきたのは、天皇が日本の政治において、そして少なくともある人々にとっては神道の習俗において、変わらぬ役割を保ち続けるだろうということである。しかし他の選択肢もある。その一つは、天皇制を完全に廃止するというものだ。しかし、現在日本国民がこの制度に示している敬愛からすれば、そうしたことが少なくとも近い将来に起きるとは考えられない。第二のありうべき選択肢は、天皇からすべての政治的機能を奪い、ローマ・カトリックにおける教皇に類似した存在にするということだろう。そうするとこの制度への財政的支援は、〔天皇制〕に宗教的な結びつきを感じる人々からのものに限られ、国家からは全く得ないことになる。第三の選択肢は、天皇から宗教的な、神道に関わる機能をすべて奪うというものだ。この場合、天皇の役割は現在のヨーロッパの君主たちに近いものになる。この場合、国家は皇室関係の組織を援助できるが、天皇はいかなる宗教活動をおこなうことも禁止される。

もちろん、こうした選択肢は日本人自身が考えるものである。ここでの議論の目的は、新たな形の神道を作ることでもなければ、日本人に天皇制の理解の仕方を教えることでもない。ポイントはただ、新本質主義の神道が、国家神道を強化するのではなく、日本文化における神道の重要性を保つような仕方で発展しうることを示す点にある。実際、もしそのような新本質主義の神道的スピリチュアリティが支配的になったとしたら、実存的な神道的スピリチュアリティが盛んとなることが可能になるだろう。すでに見たように、十九世紀に神仏習合が終末を迎え、実存的な神道的スピリチュアリティはかつての哲学上の正当化を、ほとんど失った。その空白を埋めたのが、国家神道イデオロギーだったわけである。新本質主義的神道は、実存的な神道的スピリチュアリティの感受性に新たな根本原理を与えうる。それは、仏教が形を変えたものでもなければ、国家神道的ナショナリズムが形を変えたものでもないのだ。

## 宗教学における スピリチュアリティへの捉え方

ここで、日本の神道という具体的な文脈を離れて、実存的・本質主義的という区別が、宗教学全般においてどのように役立ちうるかということを考えてみよう。この区別は、スピリチュアルな経験が教義や習俗と連係しうる二つの方法を詳細に描写する限りにおいて、ほとんどとはいわなくとも、多くの宗教に適用可能である。過去数十年間、宗教学の内部では、「宗教的経験」の扱い方について振り子のような振幅があった。半世紀前には、この経験の本質は(しばしば、ほとんどの伝統において普遍的だと考えられたが)、「宗教とは何か」という問いに答えるにあたってもっとも主要なテーマだった。宗教学者が強調したのは、「究極的関心」（パウル・ティリッヒ）、「聖なるものの顕現《ヒエロファニー》」（ミルチャ・エリアーデ）、「神霊的なもの《ヌミノーゼ》の体験」（ルドルフ・オットー）などの用語である。要約すれば、多くの場合に前提となったのは、個人的・経験主義的な根拠を理解しなければ、宗教を理解できないということだった。よくあるのが、これは宗教教団がもつ社会的、政治的、経済的構造を無視ないし過小評価することを意味したのである。しかし、過去二、三十年のあいだに、振り子は逆方向に振れた。実際のところ振れ幅は非常に大きく、多くの研究者は経験的なものを、管理と権威のための社会的条件による副作用ないし副現象（epiphenomenon）にすぎないと見なしているほどである。イデオロギーが第一であり、経験は派生的なものだというのが、その主張である。こうした評価をするなら、個人の経験は、ネオマルクス主義の「虚偽意識」ないし新フロイト派の「リビドー的衝動」と変わらないものにまで成り下がってしまう。

本書では、実存的ないし本質主義的という分析を行なうことで、経験的と制度的という二つの極の双方を検討することができた。そのなかで、まず明らかになったのは、個人のスピリチュアルな体験をある程度説明しなければ、宗教としての神道の全容を明らかにすることはできないということだ。これが第一章、第二章での重要な問題だった。その一方で、第三章から第五章では、今日までの日本史において、これらの経験に文脈を与えてきた制度的、社会的、政治的な展開のあらましをたどった。本書で示したのは、社会的・政治的制度がゆるやかに組織され、包括主義的だったこともあれば、厳格に組織され排外主義的だったこともあるということだ。第三章から第五章で概観したのは、神道の歴史的発展の三段階である。㈠原始、文字以前、あるいは有史以前の実存的段階から、本質主義的神道の種をまいた七、八世紀までの、政治、社会、テクスト、芸術における一連の変遷過程、㈡千年間続いた神仏習合の時代の大半において、本質主義的神道の発展が休眠状態であったこと、そして㈢徳川時代後半に登場した国学が、近代には本質主義的神道の優位を導き、戦後、神道という未解決の力学をあとに残したこと、である。本質主義的スピリチュアリティと実存的スピリチュアリティのあいだの力学をさらに一般化するために、ここでさらにいくつかの点に注意を向けてみよう。

　最初に注目しておきたいのは、右記の第二段階では、本質主義的神道の展開がさほど見られないものの、この時代に本質主義的な宗教の形式が存在しなかったわけではないということだ。つまり、神仏習合は本質主義的な仏教的スピリチュアリティの要素を多く含んでいたのである。仏教の形而上学とメタプラクシスは、ある程度まで、この習合の神道的要素にとっての正統的教義や正統的実践というものを規定していた——そしてこの本質主義的仏教が神道を同化させたことは、第三段階で発達した本質主義的な神道的スピリチュアリティにとって、重要な標的の一つであった。言い換えると第二段階では、本質主義的仏教が、八世紀に発展した神道の本質主義的傾向を圧倒していた。第三段階において本質主義的神道が再構築され、それによって本質主義的仏教の影響は根絶された。この発展段階で考察すると、日本における力学はほぼ完全に国内だけ（intranational）のものだが、その状況は世界の他地域におけるポストコロニアルな宗教現象の研究と、興味深いかたちで関連していると言えるかもしれない。

たとえば、キリスト教に関するポストコロニアルな展開を考えてみよう。欧米の帝国主義によって植民地の多数の人々が、自発的に、あるいはある程度の強制によって、少なくとも部分的にキリスト教化された。その後の独立によって、ポストコロニアル下の国民はキリスト教と、植民地化以前からの土着宗教の思想や価値観、実践との関係について、再考する自由を得た。この機会に対してはさまざまな反応があったが、ここではそのうち二つをとりあげたい。一つは植民地化以前の伝統を復興することであり、もう一つは植民者の宗教に修正を加え、植民地化以前の要素を含めることである。最初の事例では、キリスト教の導入以前に存在した太古の宗教形態の復活に重点が置かれる場合があった——実際に、外来の影響を受けたスピリチュアリティではなく、土着のスピリチュアリティに戻るということである。例として、アメリカ大陸やアジア、太平洋地域、アフリカの先住民族の団体のあいだで、さまざまな種類のシャーマニズムないしアニミズムの実践や思想の復興が見られる。このプロセスはある意味で、神道のなかから仏教（ないし儒教）的要素を排除しようと試みた、日本の国学運動に似ている。しかし日本の場合に見たように、「失われた」ものを回復することには体系的な反省と教義上の発展が関わってくることが多い。つまり、過去を取り戻そうとする試みにはしばしば過去の思想と実践を正当化する試みがともなっているのである。その結果として土着宗教は、植民者の宗教を特徴づける本質主義的な様式を帯び始める。つまり、教義の体系化や、以前は未発達だった形而上学を活用したメタプラクティカルな正当化の展開などが見られるのである。いったん、外来の本質主義的な宗教性の形が文化のなかに定着すると、「伝統的」で「土着の」ものを取り戻すもっとも実行可能な方法は、外来的な要素を排除することになる。このプロセスに(少なくともある程度)必要なのは、植民地化の影響の排除を正当化するために植民地化以前の伝統を本質的なものとすることである。実際に、これは伝統的なものをより本質主義的な形式で表現する――たとえその形式が、もともと植民地化以前の伝統の一部ではなかったとしても。その結果は、よく知られた逆説である。つまり、過去を保存しようとして取り戻すには、過去を変えなくてはならないということだ。

海外の宗教研究者は、多くの場合、かつての宗主国の出身であり、故意ではないにせよ、こうした変更に一役買うことがありうる。第三章でとりあげた神道を説明する「標準的な解説」についての議論で見たように、本質主義的神道は西洋の(おもにキリスト教徒とユダヤ教徒の)研究者にとって既知のカテゴリー(聖典、中心的権威、宗教と政治の接点《インターフェイス》、組織立った教義体系、天地創造の物語、など)に合致するものだった。したがってこうした海外の研究者は、かなりの程度で、神道を国家神道イデオロギーが好む本質主義的な用語で説明する――その結果として、このイデオロギーに国際的に通用する普遍性を与えて強化することに陥りがちであった。同様の歪曲は、西洋の研究ではあらゆる植民地化以前の宗教を「原始的」「原初的」「古代的」ないし「土着的」宗教、として一まとめにしてきたことにも見られる。世界中のさまざまな宗教を一つのカテゴリーにまとめることで、西洋の研究者はそれらに共通する性格を見出そうとしてきた――そうやって、一挙に諸宗教すべての本質を示そうとした（そしてそれらが全体として、本質主義的な宗教様式により似てくるようにした）のである。

ネイティブ・アメリカンの宗教は、この種の興味深い事例を提供してくれる。アメリカ合衆国は、ネイティブ・アメリカンに自らの宗教を実践する法律上の権利を保障している。だが、アメリカ政府の政策によってこの権利が侵害されているという訴えを起こすにあたり、ネイティブ・アメリカンの団体は、自らの宗教のうちの何が侵害されているかを明確にしなくてはならない。このとき必要なのは、特定のネイティブ・アメリカン集団の宗教上の教義と実践の特徴を体系的に説明することである。つまり、いったいどの本質的性質を「伝統的なネイティブ・アメリカンの宗教」であるとし、したがって政府の特別な保護が必要であるとしているのか、ということだ。申し立ての法的効力は、たとえばネイティブ・アメリカンの実践や信仰が、土着以外の伝統から借りたという兆候があったり（前提として、シンクレティズムは伝統的ではありえないのだから)、あるいは実践や信仰が固定しておらず流動的であったりすると(前提として、伝統は不変であるのだから)、減殺されることになる。その結果として、ネイティブ・アメリカンの宗教は、かつては実存的な形態をとっていたかもしれないが、自らを「伝統的」であると証明するために、本質主義的な形式をとらなくてはならない。その存在自体を維持するため、ネイティブ・アメリカンの宗教は、キリスト教やユダヤ教、イスラームという本質主義的スピリチュアリティに伍して、本質主義的なスピリチュアリティとしての外見を装わなくてはならないのである。前述した新本質主義的な神道的スピリチュアリティの企てとの類似は、きわめて明らかだ。

植民地化以前の伝統に本質主義的な形態を与えて復興し、再構築することに加えてもう一つ、植民地化以前のスピリチュアリティの諸相を保存することへの、共通したポストコロニアル的反応がある。それは、植民者の宗教に修正を加えて、これらの植民地化以前の要素を含めることである。これは今日では、革新的なキリスト教神学や典礼などにとって、活きた源泉となっている。キリスト教のうち、ペンテコステ派やカリスマ的教派は、多くのポストコロニアルな環境で成功を収めているが、それはきわめて多くの場合、植民地化以前の宗教の思想や価値観、実践と共鳴しているからである。したがって、シャーマニズムの儀式的側面や土着の霊的憑依の儀式が、キリスト教のペンテコステ派やカリスマ的な実践に統合されていくこともある。典礼ではなく神学的な面では、中国の神学者が父なる神と人間との関係を、（アブラハム的な神の概念とは相いれない、儒教的思想である）孝の関係として解釈している例がある。このような事例では、植民者の宗教（これらの例ではキリスト教）がポストコロニアルな文脈において、世界のその地域でキリスト教以前から存在していた宗教に依拠することで、新たな活力を与えられている。これとある意味で似ているのは、密教が、仏教渡来以前の神道的価値観や思想、実践と共鳴することで日本に根付くのに成功したということである。同様の現象は、チベット仏教と仏教以前のチベット宗教の諸形態との相互交渉においても起きている。

まとめよう。実存的ないし本質主義的なものの力学についての考察は、宗教学にいくつかの点で影響を与えうる。まずそれは、宗教的伝統が歴史的に展開するパターンを明らかにできる（もっぱら実存的な宗教だったキリスト教が、本質主義的な宗教に移行するにあたって、コンスタンティヌス大帝の関与は決定的なものだったではないか）。第二に、この力学は宗教的なキーワードの意味と用法にとって、多様な文脈を明らかにしうるだろう（「カミ」や「タマ」といった語の実存的理解と本質主義的理解を区別したように、「ジハード」や「シオニズム」といった語の実存的理解と本質主義的理解を区別することができるのではないか）。第三に、さまざまな宗教を研究するなかで、研究者たちは、自分らの学問的アプローチのせいで、宗教現象の実存的側面ではなく本質主義的側面をもっぱら注目しているのではないか、と自問するかもしれない（宗教現象の経験的側面と、社会的／政治的／経済的側面とのバランスを、どうやってとれるだろうか)。そして第四に、実存的ないし本質主義的力学は、それ自体が宗教学研究の対象となりうる(たとえば、まず本質主義的宗教が、ついで実存的宗教が支配的になったという文化の事例はあるのだろうか。それとも、移行が起こるのはつねに、実存的なものから本質主義的なものへなのか)。本章の最終節において考えたい問題は、次のとおりである。すなわち、本書における神道研究は、スピリチュアリティそのものの本性について、何を明らかにしうるのだろうか、という点だ。

## 故郷《ホーム》への帰り道としての神道スピリチュアリティ

この最終節では、議論を学問的な分析から、もっと個人的で宗教的あるいは哲学的内省に向けることにしよう。研究者として、私は本書で神道的スピリチュアリティについて公平な発言を心がけてきたし、それについて偏りなく、できる限り客観的に耳を傾けてきた。今度は宗教哲学者として、いや一人の人間として、さらに議論を進めたい。第一章での主張は、「神道を感じとる」経験は必ずしも日本人に限られないということだった。これは、神道的スピリチュアリティには人間全体状況に対して語りかける何かがあるということを意味するのだろうか。神道では、実存的な宗教という側面がきわめて長い間支配的であり、それは近代にいたるまで続いた。おそらくこの理由から、神道と出会うことでスピリチュアリティの諸相に対するわれわれの関心は鋭敏なものになる。そうした諸相は多くの宗教的伝統に見出しうるものの、文化的・歴史的に独自の発展をとげているため、それほど明確ではないのである。少なくとも、神道的スピリチュアリティとの長年にわたる出会いのなかで、私はスピリチュアリティというものについての深い理解を得てきた。領域として四つを挙げることができる。すなわち、全体を感じるという、つながりの重要性、畏怖の理解、儀式的習俗の機能、そして過ぎ去った実存的スピリチュアリティへの消しがたい郷愁である。

第一に、スピリチュアリティがつながりの感覚と関係していると指摘しても、全く驚くにはあたらない。多くの宗教では、このつながりにはきわめて超越的な面がある。すなわち、日常世界の背後、彼方、あるいは根底にある何物かとのつながりが原因で、スピリチュアルな人物の、この世――そこに住む人々、自然現象、社会構造――とのかかわりが変貌する可能性があるのだ。したがって一部の集団で流行の言い方をすると、そうした宗教は、形式において「内在的」(immanent) なのではなく「超越的」(transcendent) なのである。おおむね、具体例に向き合ってみると、二分法はそれほど絶対的ではなく、そうした分類は誤解を生みかねない。たとえば、超越的な神が世界を創造し、何らかの形で維持し続けているという信仰をもつ一神教においてさえ、くわしく検討すると、スピリチュアリティが実際には超越的のみならず内在的にも経験されていることが、しばしば明らかになる。言い換えると、あらゆる人やものとの経験的なつながりは、すべては共通の源泉にもとづくという確信からくるものなのである。したがって、「神は遍在する」「われわれはみな兄弟姉妹である」（アッシジの聖フランチェスコにとって、これは明らかに動物や自然物を含んでいた）、さらには「すべては一つ」という思想が生まれた。この点から、神は形而上学的には世界に対して超越的かもしれないが、経験的には世界において、世界を通して知られるのだといえる。したがって、宗教を超越的と内在的のどちらかに分類しようとしても、それほど役にはたたない。おそらく、注目すべき点は、聖なるものへのつながりが外在的か内在的であるかを問うことなのかもしれない。

多くの一神教にとって、事物同士の内在的なつながりは、神に対する外在的関係を通して理解される。聖なるものは、第一章の**図1**（二七頁）においてAとBをつなぐ「R」である。対照的に神道では、内在的な関連性とは生来のものである。つながりは、AとBがそれ自体においてそうであるもの（**図2**、二八頁）の一部なのである。ある意味で、本質主義的神道はこうした理解から離れて、創造神としてのカミに強調を置き、いくぶん個人的なものとなったミタマに関心を向けるようになった。しかし、部分と全体のあいだにホログラフィー的モデルを維持することで、国家神道のイデオロギーでさえ最終的には、たいてい外在的関係だけにもとづく分析を避けているのである。

こうした議論から考えられるのは、スピリチュアリティはつながりに対する——世界のなかで故郷《ホーム》にいるようにくつろぐことに対する——強調として理解できるのではないかということだ。そうするとスピリチュアリティにおける違いは、少なくとも部分的には、「つながり」がどのように着想され経験されるかにかかわるものとして、理解されうるということになる。ほとんどの、ことによるとすべての宗教は、人生のおもな出来事を祝う儀式と同じく、第二の天性となった思想や価値観、行動によって日常的なものに影響を与える限りにおいて、内在的である。この内在性のゆえに、世界はスピリチュアルに満たされたものとして生きられる。しかし内在性の形式、その解釈のされ方、説かれ方、経験のされ方は、事例によって異なる。たとえば、とりわけ過去四、五百年の間、キリスト教はその主流の教義の展開において、汎神論、つまり文字通り神があらゆるもののなかに存在する（しかもそれ以上のものである）という思想を、おおむね排除してきた。そうするなかで、神道では中心的であるような種類の経験を、自らのスピリチュアリティから周縁化したり排除したりしてきたのである。ここで次のようなことを思い起せるだろう。神道的スピリチュアリティを説明するのに用いて十分な成果を上げられたホログラフィーによる分析が、ここでの取り組みに役立つかもしれないということである。

検討すべき第二の領域は、スピリチュアリティにおける畏怖の重要性である。宗教が不可思議や神秘、畏怖と関係していると主張することは、全く目新しいものではない。しかし神道は、科学技術が高度に発達した社会における現代宗教としては、きわめて目立った主張をもっている。つまり、畏怖を理解ないし把握するにあたっては、いかなる体系的な方法も用いるべきではないというのである。第一章で触れたように、神道の実践において重要な点は多くの場合、畏怖を理解したり制御したりしようとするより、畏怖を前に人をくつろいだ気分になるようにさせることなのである。多くの点で、旧本質主義的な神道的スピリチュアリティが過去二世紀に発達するうちに、この傾向はいくらか崩されていった。それどころか、神仏習合の時代においてさえ、畏怖の源を説明し、知的・精神的に制御するのに密教の教義が用いられていたと主張することができるのである。実際のところ、実存的な神道的スピリチュアリティが神仏習合のなかで栄えることができたのは、本質主義的な仏教的スピリチュアリティが哲学的な説明と正当化を全て引き受けてくれていたからなのである。

現代世界では、科学的思考が支配的となった結果、畏怖に対して今日のわれわれが最初に示す反応は、そのもとにさらされることではなく、それを理解しようとすることなのである。畏怖は、未知のものを前にした謙虚さの意識でわれわれを満たすのではなく、ただ単にまだ知られていないものとしてわれわれの注意を喚起する。「私は知らない」ということは――ソクラテスにとってそうであったような――知恵のしるしではなく、自我を傷つけるような無知の自白になっているのだ。マールンキヤプッタが時間には始まりがあるかとブッダに尋ねたとき、ブッダは沈黙した。[編注1] 同様にイエスはピラトが「真理とは何か」

と尋ねたとき、沈黙した。[編注2] われわれは頭上に星空がひろがっているのを見ると、謎を解明したいという科学的な衝動に駆られる。ハッブル望遠鏡、宇宙探検、数学的モデル化――これら全てがわれわれの助けになる。それは結構なことだ。しかし、天空を理解したいという衝動を、空の下にただ座って、自分たちはもともとその一部であり、それが私たちの一部でもあるのだと感じることよりも重要だとするのは、決して認めないでおこう。

　われわれの神道との出会いがスピリチュアリティについて示唆する第三の教訓は、先ほど論じたばかりのつながりを人々に気づかせる儀式の重要性である。第一章のビジネスマンは、出勤途中に決まって神社に参詣することの「意味」と「目的」を問われて、すっかり当惑していた。こうした神道的行為についての議論では、儀式のスピリチュアリティに対する関係について三つのポイントを説明している。まず、儀式の機能は意識的なものとは限らず、意味を明らかにしてもそのスピリチュアリティを深めることにさえならないかもしれない。友人を訪ねるというたとえで見たように、目的を明確にすると訪問それ自体は目的ではなくなり、単なる手段になってしまう。友人なら、「よそよそしくしないでくれよ。立ち寄る理由なんてなくていいよ」などとよく言うものだ。儀式のなかには、ただつながりを確認するだけで、それ以上の動機などないというものがある。私が、程度はともあれ他人との内在的関係によって形成されているとすれば、そうした他人と一緒にいるときのほうがより私らしいということになる。儀式がスピリチュアリティを明らかにするもう一つの方法として、反復がある。娯楽を重視する消費文化において、最優先されるのはイノベーションである。マーケティングが要求するのは、すでにやったことをすでにもっているものでやり直すことで、われわれは満足してはならないということだ。第二章で見たように、神道が強調するのは「目新しさ」ではなく「新鮮さ」である。それが示すのは、イノベーションや単純な反復ではなく、再生である。古いパターンが新たに実践される場合、おそらくとくに有効なのが儀式だろう。儀式は現在を過去に、「こころ」をからだに、個人を共同体に、つなぐ。そして最後に、からだについての言及は、反復される行為に身体的領域があることを思い出させる。反復を通じて何かを身につける必要性が高ければ高いほど、われわれはからだに対していっそう意識的になる。この点で、スピリチュアリティと儀式とのつながりは、スピリチュアリティが身体性と別のものではないという意識を強めることになる。スピリチュアリティと関連する語、たとえばギリシア語のプネウマ (pneuma)、サンスクリットのプラーナ (prāṇa)、中国語の気、ヘブライ語のルアー (ruah) は、身体的なものと対照をなしてはいない。それどころか、こうした語の多くは、直接あるいは間接に「息」と関係している。儀式はスピリチュアルなものに生命を吹き込む。儀式とは呼吸 (re-spiration、再び‐息をすること) なのだ。

そして第四に、実存的な宗教形式への郷愁について考えてみよう。現在のポストモダン状況において、われわれは当然のことながらしばしば郷愁というものを、実際には存在したことのない過去の、美化された解釈として懐疑的にとらえる。郷愁は多くの場合、権力のイデオロギーの道具となり、そうしたイデオロギーが常態への復帰として変化を偽装することを可能にする。そこにあるのは、権力を用いるのは変化を強制するためでなく、本来あった純粋さを損なってきた要因をとり除くためだというレトリックである。過去が文化的ないし精神的権威という色合いを帯びるにつれて、政治的権威をもつ組織は、自らの権力を維持するために、その過去の知的な再構築に対して影響力を及ぼそうとするようになる。いったん過去が純潔の時代としての価値を与えられると、口汚いイデオローグたちが自身の権力意識ないし快感を増大させるために、それを凌辱することだろう。そのもっともよい例となっているのが、スピリチュアルな・美的なプロジェクトから国家の政治的イデオロギーへと変貌した国学である。神道は、郷愁にひそむ危険性という、すぐれた事例となっているのだ。

しかし、とくに実存的なかたちのスピリチュアリティを復活させたいという欲求としてあらわれた郷愁について、何か肯定的なことは言えないのだろうか。郷愁は、伝統を儀式のなかで再生できるように存続させることができる。郷愁は、過去の偉業に対する畏怖の念を浸透させ、将来期待される参加の基盤を設定することができる。世界のどこでも、対象が既成宗教か新宗教かを問わず、アニミズム、共同体、儀式などへの郷愁は、宗教に対する新しいスピリチュアルな参加意識のもとになっているように思われる。エコロジー意

**写真9　二見浦の遥拝所**　遥拝所の鳥居のむこうに夫婦岩が見える。左手のカエルは参拝者に、故郷《ホーム》に「帰る」ことの意味を思い起こさせる。

識でさえも、かつて人間が自然の管理者ないし簒奪者ではなく、自然の一部として応答するような生き方をしていたことへの郷愁から生まれたものかもしれない。語源的には「エコロジー」は「住処《ホーム》についての学問」を意味する。エコロジーが対象とするのは、世界を支配ないし管理することではなく、世界のなかでくつろぐことなのだ。神道の郷愁が立ち戻るのは、そうした価値観なのである。

最後にまとめるならば、実存的なあり方と本質主義的なあり方が明らかな緊張関係にあることで、神道は郷愁の二つの側面を見せることになる。一つは、国家による管理に権威を与えるよう育まれた郷愁である。もう一つは、科学的思考や技術依存、消費主義の擡頭で消去されたも同然となっていたつながりの形への回帰を促すような郷愁である。本書では、語源的説明が重要な役割を果たしてきたのだから、しめくくりにあたってもう一つ引いておこう。郷愁（nostalgia）という語の語源は、「帰郷」（nostos）したいという「うずき、痛み」（-algia）である。そしてこの帰郷したいといううずきこそが、スピリチュアリティの側面として神道が見事な例となっているものなのである。おそらくわれわれはみな、いつかどこかでそれを感じたことを覚えている。たとえ忘れることがあっても、二見浦のカエルが思い出させてくれるだろう。

編注1　「十四無記」と呼ばれる、異教徒からの形而上的質問にブッダが答えず、沈黙していたことに対し、マールンキヤプッタが、答えなければ修行をやめると迫ったもの。

編注2　ローマのユダヤ属州総督であったピラトが、罪人とされたイエスに審問した際の質問の一つ。ピラトはイエスに死刑判決も下し、処刑する。

# 本書刊行にあたって

この本はあるパーティーの席で生まれた。二〇〇〇年一月にホノルルで開催された「東西哲学者会議」の折、私を含めて何人かの哲学研究者が、ハワイ大学イースト・ウエスト・センターのリンカーン・ホールにあったヘンリー・ローズモント教授の仮オフィスに集まった。ヘンリーは昔からの友人で、高く評価される同学の士であり、開催校の担当者として行き届いた世話をしてくれていた。パーティーが終わりに近づき出席者が帰り始めたころ、彼から少し残ってほしい、相談したいことがある、と言われた。座ったところで(そのときヘンリーはスコッチ、私はビールを手にしていたが)彼が、「アジアのスピリチュアリティ」についての叢書の編者となる契約をハワイ大学出版会としたところだと打ち明けてくれた。その叢書の一冊を書いてくれないか、そう言って、東アジア仏教や日本哲学についての私の業績をふまえたうえで、適切なトピックをいくつか挙げてくれた。

だがその時私がふと思いついて、「神道的スピリチュアリティについての本はどうだろう」と言ってみた。ヘンリーの目が輝いた。私たちはしばらくの間、どんな本にするか、何を目指すものにするかを話し合った。過去二十年ほどのあいだ、西洋の研究者たちは、歴史学、人類学、テクスト分析、イデオロギー研究など、さまざまな方法で神道を分析し成果を挙げてきた。それに代えて、神道的スピリチュアリティをまず哲学的に分析し、それを出発点に日常的実践や歴史的展開、テクストの読み、政治的イデオロギーというように考察を進めてはどうだろうか。他の研究が見過ごしていた新たな問題が見えてくるのではないか。廊下を通って自分の部屋へ戻る途中、私の心のなかでさまざまなアイデアやイメージ、記憶、テクスト、観察が、万華鏡のように集まったりほどけたりを繰り返した。いよいよベッドに入ると、静かに横になって眠りが訪れるのを待った。開け放った窓から、外の熱帯植物の大きな葉に小雨が降りかかる音がする。たまに風が吹き、その葉を揺らし、部屋のカーテンを揺らす音が不気味に聞こえる。時折、月が雲間から顔をのぞかせ、青白い光で私の周囲にあるものをくっきり際立たせることもある。日本語にはこうした天気を指す「雨月」という言葉があり、よく幽霊話に関連して用いられるのである。

ふと気づいて、まどろみながらのもの思いから覚めた。なんてことをしてしまったんだ。これまで私は神道についてまとまったものを書いたことはない。宗教学の授業で触れたり、著作のなかで扱ったりしたことはあるが、正面から論じたことはなかった。私の専門は日本哲学であるし、そもそも神道哲学というものは確立していない。大変なことを引き受けてしまったと不安になったが、ここで「神道的スピリチュアリティ」という対象が、今晩ヘンリーと話しているときにおのずと心に浮かんだ理由をじっくり考えてみた。あのときは旧友を相手に仕事や私生活のことを話すうちに、はしゃいだ気持ちになっていたからかもしれない。その匂いをかぐといつも急に日本が恋しくなる、海苔巻煎餅がパーティーに出されていたせいかもしれない。私が日本哲学と日本文化の研究を始め、その後五年間、それを教えたこともあるハワイ大学という場所のせいかもしれない。あるいは単に、スコッチのせいかもしれない。どうしてそんなアイデアが浮かんだのかはやはり謎だったが、答えはそのままにして、私は再びまどろみはじめた。雨音と風音のなか、幽霊じみた月影に囲まれて。このトピック案がどうして生まれたかという謎が解けないままでもいいという気持ちに、なぜかなっていた。神道的スピリチュアリティについて書くというアイデアに満足して、私は心静かに深い眠りに落ちていった。

こうしたいきさつは、まさに神道的スピリチュアリティについての議論にふさわしい。あらゆることを説明し、説明しきれないことは非現実的だとみなそうとする、過度に強い衝動、神道はそうした衝動への対抗手段になりうるのである。ある人が不気味で不可解で、力強いものの、説明不可能な経験をしたとする。その人はその経験を、それが説明されないかぎり否定すべきだろうか。それとも、ただ説明不可能なものとして受け入れるべきだろうか。神道的スピリチュアリティはそう問いかけるのだ。

本書では、神道においてふつうに見られるスピリチュアルな経験を記述し、そのような経験が、神道が今日のような宗教となるにあたって影響した日本の歴史的、社会的、政治的、思想的、文化的諸相とどのように関連するかをたどる。したがって、本書での分析は二つからなる。第一に人間のある種の経験の本質を、第二に先史時代から二十一世紀初めにいたる日本文化のなかで、関連する出来事の宗教的意味を掘り下げる。本書の分量や目的から、そうした展開についてはごく簡潔な記述とならざるをえなかったが、「読者案内」では英語で刊行された重要な研究を挙げている。それらを参照することで、読者には本書では紹介にとどまった事項の細部の理解を深めていただけるだろう。本書のポイントは、神道を説明ないし記述しきることではなく、読者に神道に対する感じをつかんでもらう（神道を感じとってもらう）ことにある。もしかするとだからこそ、ハワイのあの謎めいた夜、神道的スピリチュアリティについて本を書くという思いつきがとても重要なものに感じられたのかもしれない。神道に関する本は、もっともなことではあるが、たいていその一つの面に重点が置かれている。たとえば祭りや儀式、現代日本の政治との関係、思想史における役割、日本人のアイデンティティとの関係、組織構造、などである。これに対して本書が目指すのは、読者がこうした神道の諸相がどのようにかみ合うのかを理解できるような、哲学的な方向づけを与えることである。決定的なものを意図したわけではない——全くその逆である。本書を読むことで読者は、神道を学び終えるのではなく、学び始めることになるのだ。この本は他の書物への入口となるものなのである。

十分な裏付けがある。

Hardacre, Helen. *Shinto and the State: 1868–1988*. Princeton: Princeton University Press, 1989.

国学運動についての著作2点。前者は政治的イデオロギーに、後者は文学的側面に重点を置いている。

Harootunian, Harry D. *Things Seen and Unseen: Discourse and Ideology in Tokugawa Nativism*. Chicago: University of Chicago Press, 1988.

Nosco, Peter. *Remembering Paradise: Nativism and Nostalgia in Eighteenth-Century Japan*. Cambridge, Mass.: Council on East Asian Studies, Harvard University; distributed by Harvard University Press, 1990.

神道史の各時代についての専門家による論文の傑出したアンソロジー。

Breen, John, and Mark Teeuwen, eds. *Shinto in History: Ways of the Kami*. Honolulu: University of Hawai'i Press, 2000.

神道における女性の役割について。

Yusa, Michiko. "Women in Shinto: Images Remembered." In Arvind Sharma, ed., *Religion and Women*. Albany: SUNY Press, 1994.

現代日本宗教のすぐれた概説。神道に関するきわめて重要な情報を含む。

Reader, Ian. *Religion in Contemporary Japan*. Honolulu: University of Hawai'i Press, 1991.

本書で用いた哲学的モデルの関係や文化的差異（内在的関係と外在的関係、ホログラフと「部分としての全体」のパラダイム、個人的知識と公的知識）についてのさらなる説明として。

Kasulis, Thomas P. *Intimacy or Integrity: Philosophy and Cultural Difference*. Honolulu: University of Hawai'i Press, 2002.

# 読書案内

本書は概説的な入門書であるため一般的な説明にとどまった。したがってもっと説明すべき部分や検討すべき箇所があるかもしれない。神道に興味をもった読者は、さらに詳細な研究にあたって欲しい。下記に参照すべき代表的な研究を挙げた。本書で紹介したテーマをさらに掘り下げることができるだろう。これらの著作のほとんどに、充実した参考文献が付されているので、ひじょうに参考になる。

西洋における神道研究の古典的著作2点。

Holtom, D. C. *The National Faith of Japan*. New York: Dutton, 1938.

Hori, Ichiro. *Folk Religion in Japan: Continuity and Change*. Edited by Joseph M. Kitagawa and Alan L. Miller. Chicago: University of Chicago Press, 1968.

記紀の英訳。

Aston, W. G., trans. *Nihongi: Chronicles of Japan from the Earliest Times to A. D. 697*. London: Allen & Unwin, 1956. Originally published in 1896.

Philippi, Daniel L., trans. *Kojiki*. Princeton University Press, 1969.

神道関連の用語、地名、人名等についての網羅的ガイド。

Bocking, Brian. *A Popular Dictionary of Shinto*. Surrey: Curzon Press, 1996.

Picken, Stuart D. B. *Essentials of Shinto: An Analytical Guide to Principal Teachings*. Westport, Conn.: Greenwood Press, 1994.

日本人の日常における神道について、重点を置いた人類学的研究。

Nelson, John K. *A Year in the Life of a Shinto Shrine*. Seattle: University of Washington Press, 1996.

Nelson, John K. *Enduring Identities: The Guise of Shinto in Contemporary Japan*. Honolulu: University of Hawai'i Press, 2000.

古代の春日大社とその祭礼の意図と目的についての歴史的・人類学的研究。

Grapard, Allan G. *The Protocol of the Gods: A Study of the Kasuga Cult in Japanese History*. Berkeley: University of California Press, 1992

神道と国家イデオロギーの制度化についての研究。バランスが取れ、資料による

## ま

## た

## さ

# 索　引

# 解説　他者のまなざしと内からのまなざし

守屋友江

本書は、アメリカにおける日本思想・宗教研究の第一人者である、トーマス・P・カスーリス氏の *Shinto: The Way Home*（ハワイ大学出版会、二〇〇四年）の全訳である。このタイトルは、西洋における古典的な神道研究であるウィリアム・G・アストン『神道』（一九〇五年刊）の原題、*Shinto: The Way of the Gods* を彷彿とさせる。しかしその後、約一世紀を経て刊行された本書は、新たな方法論によって神道を論じたものとなっている。

カスーリス氏は、イェール大学で哲学を専攻して博士号を取得され、「本書刊行にあたって」にあるように、ハワイ大学で東洋哲学の博士号も取得された。その後、ハワイ大学で哲学を講じられ、現在はオハイオ州立大学比較文化学部教授である。同大学公共人文学共同研究所所長のほか、比較文化学部、東アジア言語学部で学部長などを歴任された。また、鈴木大拙が創始した英文仏教雑誌『イースタン・ブディスト』（*Eastern Buddhist*）の編集顧問も務めておられる。専門は比較宗教学、日本宗教思想研究、西洋哲学であり、これまで禅や日本思想、比較思想など幅広い著作を数多く発表されているが、同じく日本思想・宗教研究の泰斗であるジェームズ・W・ハイジック氏、ジョン・C・マラルド氏と共編で、*Japanese Philosophy: A Sourcebook*（『日本哲学資料集』ハワイ大学出版会、二〇一一年）という一三〇〇ページ以上に及ぶ大著を刊行するなど、精力的に研究活動をされている。

＊　＊　＊

初めて日本宗教にふれるアメリカ人（大学生）向けの叢書という性質上、本書の叙述はアメリカ人として他者のまなざしでわかりやすく、ユーモアを交えつつ神道を論じる一方で、「神道を感じる」という内からのまなざしをも伴った構成になっている。その重層性が本書の魅力といえるが、それはまた、アメリカだけでなく日本においても神道という宗教をどう捉えるか、さらには「宗教」をどう（再）定義するかという問題にもつながっている。とくに日本の読者にとって、「はじめに」と第一章で説明されている宗教（religion）とスピリチュアリティ（spirituality）の使い分けは、本書を読む上で大事な点である。

第一章で、カスーリス氏はある日本人ビジネスマンを例にとり、忙しいはずの通勤時に神社で足を止めて手を合わせていたものの、その行動の理由も特になく、祭神が何であるかも知らないと答えたことをあげている。従来の「宗教」（religion）の観点からこの出来事を捉えようとするとナンセンスに映るが、神道的スピリチュアリティとして捉えることで、その行動の合理性が理解できるのである。ここで重要なのは、カスーリス氏が神道を信じるといわずに、感じると述べていることである。そして、いわゆる日本文化論のように日本宗教を特殊化せずに、非キリスト教的な宗教伝統のロジックを明らかにした点もまた、裨益《ひえき》するところが大きい。つまり、この神道的スピリチュアリティをアメリカ人としてどう理解するかを説明するなかで、自然の脅威に感動したり畏怖したりする感覚（さらには音楽、友人との語らいなど）を取りあげ、その畏怖や驚嘆の感覚がもつ普遍性から論を進めたことである。

日本の宗教研究でもこの二〇年ほどで、「宗教」という語の成立や「無宗教」と自称する日本人の宗教観について、近代・近世にさかのぼった検証がされており、カスーリス氏の問題関心との類似点がある。「宗教」という日本語がもつニュアンスには、教義、聖典、教団があり、宗教的回心や信仰告白をするような自覚的な実践をともなう。一方、「無宗教」と自称する日本人が積極的に年中行事や地域の祭りに参加したり、神社参拝や墓参したりするが、これを「自然宗教」と呼んでキリスト教などの「創唱宗教」と区別して広義の意味で捉えることを提唱し、無神論というわけではないとする考察がある（阿満利麿

『日本人はなぜ無宗教なのか』ちくま新書、一九九六年)。この点は「神道非宗教」説の問題と関わるものであり、後で詳述する。

とはいえ、英語でreligionという場合、組織化された教団や聖典、教義、超越的な存在への信仰――具体的にはキリスト教――などが前提とされるため、カスーリス氏が指摘するように英語の文脈では神道が除外されやすくなる(欧米では仏教も除外されることがあるのだが)。そのため氏は便宜上、religionとspiritualityを使い分けており、本書もそれを原文に則して分けている(ただ後述するように、最終章では「宗教」を広義に捉えて神道を理解することの重要性が示されている)。スピリチュアリティについて島薗進氏は、二〇世紀後半から既存の宗教教団とは別に興隆してきた精神世界やニューエイジの動きに注目して、「新霊性文化」という概念を用いている(『スピリチュアリティの興隆――新霊性文化とその周辺』岩波書店、二〇〇七年)。だが本書では、古代にさかのぼった議論でも使用されていることから、近現代の現象について用いる「霊性」や「精神性」、あるいはreligionを想起させる「宗教心」という語を用いないこととした。本書で言及した鈴木大拙の『日本的霊性』は、知られるように神道を重視しない形で「日本的霊性」の思想史的系譜を論じたものであり、その意味でも「霊性」を用いずに、カタカナ表記のままとした。他の用語についての説明は後述する。

また本書では、日本宗教を理解する上で欠かせない、シンクレティズムあるいは神仏習合について、その構造が丁寧に描かれている。それは、シンクレティズムと対極的なユダヤ・キリスト教的伝統で育ってきた読者に、神道か仏教か、神道か儒教か、という二者択一でなく、複数の宗教が鼎《かなえ》のように、それぞれの機能を果たしていることを説明したものだからである。日本では仏教伝来の当初、仏を「外来神」の一つ――「仏神」――と捉えていた歴史を鑑《かん》がみれば、さほど違和感なく理解される現象であろう。第三章以降で展開される神仏習合の歴史に関する議論は、あらためて、神仏習合に違和感を覚えない日本人のスピリチュアリティとは何なのか、その哲学的意味を問うものだといえるだろう。

もちろん、神道教学については教派神道それぞれの発展があるけれども、本書では大きく「実存的」神道と「本質主義的」神道に分けており、第三章以降でその歴史上の位置づけを論じている。これらは本書で最も中心的なテーマであるが、神道を語る文脈ではやや聞き慣れない概念なので、少し敷衍《ふえん》しておこう。西洋哲学に詳しい読者は、ジャン゠ポール・サルトルが「実存は本質に先立つ」(「実存主義はヒューマニズムである」『実存主義とは何か』人文書院、一九九六年)と述べたことをまっさきに思い起こすことだろう。本書では、実存的神道が本質主義的神道に先だって存在し、その後、本質主義的神道が台頭してゆく歴史的展開として論じられており、本書の全体を貫くテーマとなっているのである。

実存的というと難しく思われるかもしれないが、これは要するに日本民俗学が明らかにしてきた民間習俗といえるだろう。年中行事や冠婚葬祭などハレの行事であるとか、日本人が日常生活でしばしば無意識に行っている習慣の総称のことであり、神道と一括りでよぶほど体系立っていないものでもある。柳田国男のいう「常民」、つまり英語ではfolkと定義される人々の習俗は、地域ごとにそれぞれ独特の歴史と風習があり、中央集権的・画一的ではない。実際には、本書で言及されている以上に日本の民間習俗は多元的であるので、日本の読者には民俗学関連の本(たとえば坪井洋文『イモと日本人』未來社、一九七九年)を繙《ひもと》いていただければよいだろう。この実存的神道は「自然宗教」と呼ぶこともできるが、「創唱宗教」のように体系的な教義や聖典はなく、昔からの習慣として祭りなどを実践しており、ムラ共同体で祭りを行うことはあっても、恒常的な教団組織をもつわけではない。

これに対し、本質主義的神道とは、本書の例でいえば国学や垂加《すいか》神道、教派神道、神社神道などを指す。高取正男氏は、仏教に対して自らを意識することで神道が成立していった歴史を検討し、自覚的な民族宗教のイデオロギーとして整えられていく過程を明らかにしたが(『神道の成立』平凡社、一九七九年)、この対他的な自己認識というのは、とくに本質主義的神道で際だった特徴といえるだろう。本書では第五章で、本質主義的神道が政治的イデオロギーと結びついていく過程が論じられている。幕末期には水戸学の政治的イデオロギー(尊王攘夷)として、また近代以降は国家主義的イデオロギー(近代天皇制)として、実存的神道を凌駕していく過程が描かれている。とくに近代以降、「国民教化」や

「精神作興」のように一見、宗教色をみせないスローガンによって、本質主義的神道の典型である国家神道への崇敬が、すべての日本国民（植民地支配により「日本国民」にさせられた人々も含む）に対して、日本列島だけでなくいわゆる「外地」においても義務化されたことは、人々の記憶に新しいことである。本質主義的神道がもつこのような危うさについて、本書の第六章は、政治史的な文脈をふまえつつ、神道を含めた広義の「宗教」と政治の関係について、靖国神社問題を事例に鋭い視点から論じている。この点はさらに、近代以降、本質主義的神道をはじめ日本のほとんどの宗教教団が、なぜおしなべて国家主義や軍国主義と密接に結びつく道を選んできたのか、なぜそれ以外の選択肢に進もうとしなかったのかという社会倫理的な問題にも通じることといえよう。

ところで、部分が全体と関連し、全体が部分でもあるという「ホログラフィー的入り口」についての説明は、唐突に思われることがあるかもしれない。本書でいうところの実存的神道に属する人は、柳田のいう「無意識の伝統」である習俗のなかで日常生活を送り、年中行事や祭りに参加するけれども、まさに「無意識」であるがゆえに、ホログラフィー的入り口を意識することはほとんどないだろう。また、そのように自覚的に認識することが、実存的神道の本意ではない。鳥居や注連縄《しめなわ》は、そこが神域だという目印であることで、実存的神道に属する人には十分なのである。あるいは、鳥居がなくとも地域の人々に祀られてきた小さな祠は少なくない。そのような無数の小さなカミたちと、全国規模で分社をもつ大社で祀られる大きなカミがいるが、その大小のカミの根本に仏菩薩が普遍的な存在としてあるというのが本地垂迹説の論理である。それは言い換えると、村の小さな祠がホログラフィー的入り口として、普遍的な仏へとつながる回路の役割を果たしていたということでもある。

あるいは、刀がその持ち主であった武将のタマを身につけて、その化身のようにして祀られる事例も取りあげられているが、それはもっと日常的な例でいえば、日本の食卓で使われる個人用の箸や茶碗をめぐる民間習俗に近いといえるだろう。箸や茶碗は、それを使う「私」の一部であり、他人がそれを使うことはタブー違反となる。このタブーを破ってしまったことで、持ち主も使ってしまった人も何となく気まずい気持ちになった、という経験をした人は少なくないのではないだろうか。かつては嫁入りの際、実家を出発する花嫁が自分の茶碗を割る儀式が行われていた地域もあったほどだ。つまり、「使用者の霊力が内在する」（高取正男『日本的思考の原型』講談社、一九七五年、のちに平凡社ライブラリー）と信じられているのである。そういった日常的な行為であるが、これを研究上の概念として扱うと、本書の図5（四〇頁）に示されたような複雑な意味合いをもつということである。そしてこの概念は、本質主義的神道の事例に目を向けると、第五章に登場する神風特攻隊員にとってのホログラフィー的入り口となった天皇への崇拝という、国家主義的イデオロギーを支える世界観を明らかにするのである。

カスーリス氏は便宜上、神道的スピリチュアリティという形で論を進めているが、最終章で神道を「宗教」であると述べている。これは矛盾ではなく、一般的な英語の意味では宗教ではなくスピリチュアリティと呼ぶことで、まずは英語でいうreligion、すなわちキリスト教的なニュアンスにとらわれずに、神道的な世界観を明らかにする議論を進めておく必要があったからである。興味深いことに、第六章では、従来いわれてきた狭義の「宗教」の定義を、神道を含めた広義のものへと捉え直すことの意義が論じられている。日本では、政治的な解釈から神道を「非宗教」と位置付け、西洋ではキリスト教的モデルに当てはまらないということで「非宗教」と位置付けたわけだが、カスーリス氏は、非宗教とみなされがちな神道を逆に宗教として論じることで、「宗教」概念そのものの再検討を試みているのである。

それはある種の皮肉といえるのかもしれない。しかし「神道非宗教」説の問題は、単に宗教学的な概念の枠組みの設定にとどまるのではなく、日本の近代史を振り返れば、「宗教」ではないから憲法上の信教の自由を侵していない、という政治的な詭弁まで生み出している。その詭弁が引き起こした課題は、第五章と六章で詳しくふれられている通りである。憲法に保障されている信教の自由は、政教分離と不可分のものであるが、その自由がしばしば政治家によって侵害され、恣意的に解釈されている現代日本にあって、その問題はきわめて重いものといわざるを得ない。

本書は、アメリカ人研究者という他者のまなざしを通して描かれた神道研究であるが、それは翻って、日本のわれわれが内側から神道をどうまなざしているのか、ということを問われてもいるといえるだろう。それはまた、神道や民間習俗を含めた広義の「宗教」のあり方について、日本人が他者のまなざしで相対化することができるだろうか、ということにもつながりうる。それは単に、研究者として客観的な研究をするだけにとどまらない。私自身も含め、研究者にも「宗教」の捉え方について予断があり、カスーリス氏が「振り子」の例で示したように、流行の宗教理論によって同じ宗教現象についての解釈がいくらでも変わりうるからである。

「実存は本質に先立つ」という言葉を借りていえば、本書は政治イデオロギー化しがちな本質主義的な宗教から、自らが「ホーム」に帰ったような安心を得られる、実存的な宗教へと立ち返ってみることの意義を、あらためて考えるきっかけになるだろう。

＊　＊　＊

最後に、本書が誕生するきっかけになったエピソードを紹介して、筆を擱《お》くこととしよう。カスーリス氏は、解説の冒頭で述べたように『イースタン・ブディスト』の編集顧問をされているが、前編集長であった阿満利麿氏に本書の原書を贈られたことに端を発している。期せずして、『日本的霊性』を著した鈴木大拙が創刊した雑誌を通して、本書が生まれたのである。阿満氏は、すでに『日本人はなぜ無宗教なのか』や『国家主義を超える』（のちに『宗教は国家を超えられるか』と改題、ちくま学芸文庫、二〇〇五年）などの著作を発表されていたこともあり、問題関心に共通するものがあった。その後、阿満氏が翻訳出版を筑摩書房に薦められ、本書の翻訳プロジェクトが開始したのである。

翻訳は、衣笠正晃氏に訳しおろしていただき、守屋が専門的見地を加えつつそれに手を加えている。哲学的な考察に加え、幅広い時代に及ぶ神道の歴史を辿って日本語にするのはたいへんな作業だが、衣笠氏の努力に感謝したい。訳語の選定などを含め、最終的な文責は守屋にある。

筑摩書房編集部の藤岡泰介氏には、訳稿の段階からたいへんお手数をおかけしたが、遅れがちな原稿を辛抱強く待って下さり、心から感謝を申し述べる。

ちくま学芸文庫

神道《しんとう》

二〇一四年十月十日　第一刷発行

著者　トーマス・カスーリス
訳者　衣笠正晃（きぬがさ・まさあき）
監訳者　守屋友江（もりや・ともえ）
発行者　熊沢敏之
発行所　株式会社　筑摩書房
東京都台東区蔵前二―五―三　〒一一一―八七五五
振替〇〇一六〇―八―四一二三
装幀者　安野光雅
印刷所　中央精版印刷株式会社
製本所　中央精版印刷株式会社

乱丁・落丁本の場合は、左記宛にご送付下さい。
送料小社負担でお取り替えいたします。
ご注文・お問い合わせも左記へお願いします。
筑摩書房サービスセンター
埼玉県さいたま市北区櫛引町二―六〇四　〒三三一―八五〇七
電話番号　〇四八―六五一―〇〇五三

ISBN978-4-480-09644-9 C0114